MUITO ALÉM DA LOUCURA

MUITO ALÉM DA LOUCURA
2 contos terrificantes de

H.P. LOVECRAFT

Herbert West, o ressuscitador
O diário de Alonzo Typer

Tradução, arte e notas
CAYMAN MOREIRA

Títulos originais dos contos de H.P. Lovecraft (1890-1937) em domínio público: «Herbert West, Reanimator»; «The Diary of Alonzo Typer» (com William Lumley)

2019 © Editora de Cultura Ltda.
2019 © Cayman Moreira / Fabio Moreira de Melo
    ISBN: 978-85-293-0220-1

Publicado mediante contrato.

Todos os direitos desta edição reservados
EDITORA DE CULTURA LTDA.
Rua Pirajá, 1.117
CEP 03190-170 – São Paulo – SP – Brasil
Fone: (55 11) 2894-5100

atendimento@editoradecultura.com.br
www.editoradecultura.com.br

Partes deste livro poderão ser reproduzidas, desde que obtida prévia autorização escrita da editora e nos limites da Lei 9.610/98, de proteção aos direitos do autor.

Primeira edição: Outubro de 2019
Impressão: 5ª 4ª 3ª 2ª 1ª
Ano: 23 22 21 20 19

Dados de Catalogação na Fonte (CIP)
Sindicato Naconal dos Editores de Livros, Rio de Janeiro

L897m   Lovecraft, Howard Phillips (1890-1937)
             Muito além da loucura: 2 contos terrificantes de H.P. Lovecraft / Howard Phillips Lovecraft; tradução e ilustrações Cayman Moreira. – São Paulo: Editora de Cultura, 2019.
             96p. : il.

             Título original: Herbert West, Reanimator; The Diary of Alonzo Typer
             ISBN: 978-85-293-0220-1

             1. Literatura Norte-Americana. 2. Contos. I. Moreira, Cayman. II. Título.

CDD 813

Aline Laura Nascimento Tavella CRB 8ª Região 8833

SUMÁRIO

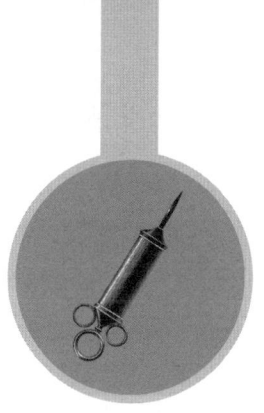

HERBERT WEST, O RESSUSCITADOR
I- Vindo da treva [9]
II- O demônio pestilento [17]
III- Seis tiros à meia-noite [25]
IV- O grito do morto [33]
V- O horror que veio das sombras [41]
VI- As legiões sepulcrais [49]

Notas [55]
Sobre o conto [57]

O DIÁRIO DE ALONZO TYPER
Nota do editor [60]
O Diário [65]
17 de abril de 1908 [65]
  Mais tarde [67]
18 de abril [67]
  Mais tarde [68]

19 de abril [69]
20 de abril [71]
21 de abril [72]
22 de abril [74]
23 de abril [77]
24 de abril [78]
25 de abril [79]
26 de abril [79]
27 de abril [80]
28 de abril [81]
  Mais tarde [82]
29 de abril [83]
30 de abril – Véspera de Valpúrgis [85]
  6 horas da tarde [86]
  Meia-noite [86]
  Mais tarde [87]

Notas [88]
Sobre o conto [91]

Sobre os autores [92]
Sobre o tradutor & ilustrador [94]

HERBERT WEST, O RESSUSCITADOR

Foi então que ele entrou, pela primeira vez, em choque com as autoridades universitárias e foi proibido de fazer novos experimentos por ninguém menos que o próprio reitor — o sábio e bondoso Dr. Allan Halsey.

I
VINDO DA TREVA

De Herbert West, que foi meu amigo na universidade e depois de nos formarmos, só posso falar com extremo terror. Não, não é devido à maneira sinistra como desapareceu há pouco tempo; não por isso, mas pelo resultado e pela natureza do trabalho de sua vida. Este adquiriu sua mais aguda forma pela primeira vez faz mais de dezessete anos, quando cursávamos o terceiro período da Faculdade de Medicina da Universidade de Miskatonic, em Arkham. Enquanto íamos convivendo, fiquei fascinado pelo caráter prodigiosamente diabólico dos experimentos do colega. E fui seu companheiro mais chegado. Agora, que ele se foi e o encanto se quebrou, o medo que sinto é ainda maior. Lembranças e possibilidades são mais apavorantes do que a realidade.

O primeiro incidente terrível de nosso convívio foi o maior choque que já experimentei, e é com relutância que falo dele. Como já disse, aconteceu quando estávamos na escola de medicina, onde West já era conhecido por suas teorias extravagantes sobre a natureza da morte e a possibilidade de superá-la artificialmente. Suas concepções, muitíssimo ridicularizadas pelo corpo docente e pelos colegas estudantes, giravam em torno da natureza essencialmente mecânica da vida. Tratava-se, então, de como acionar o mecanismo orgânico da máquina humana por meio de uma ação química calculada após o colapso dos processos naturais.

Em seus experimentos com várias fórmulas reanimadoras, ele havia matado e manuseado um número enorme de coelhos, porquinhos-da-índia, gatos, cachorros e macacos – até se tornar o principal transtorno da universidade. É fato que diversas vezes ele havia obtido sinais de vida em animais mortos. Em muitos casos, sinais violentos. Mas logo percebeu que o aperfeiçoamento do processo, se isso fosse possível, exigiria toda uma vida dedicada à pesquisa. Também ficou evidente que a mesma fórmula nunca funcionava da mesma maneira em diferentes tipos de organismos. Assim sendo, ele precisaria usar cadáveres humanos para obter progressos mais avançados e especializados. Foi então que, pela primeira vez, West entrou em choque com as autoridades universitárias e foi proibido de fazer novos experimentos por ninguém menos do que o próprio reitor, o sábio e bondoso Dr. Allan Halsey, cuja obra em favor dos desvalidos é lembrada por todos os antigos moradores de Arkham.

Eu sempre tinha sido por demais tolerante diante das pesquisas de West e muitas vezes discutia com ele suas teorias, cujos desdobramentos e corolários eram quase intermináveis. Sustentando, com Haeckel[1], que a vida é um processo físico-químico e que a chamada "alma" não passa de mito, meu amigo acreditava na reanimação artificial do morto, dependendo apenas da condição dos tecidos. A menos que a decomposição tivesse se efetivado, um cadáver, dotado de todos os seus órgãos e submetido a medidas adequadas, poderia ser ativado no modo peculiar conhecido como "vida".

West compreendia muito bem que a vida psíquica e intelectual seria prejudicada pela deterioração das delicadas células cerebrais – por mais curto que fosse o período de morte. De início, sua primeira esperança havia sido encontrar um reagente que restaurasse a vitalidade antes do efetivo advento da morte. Foram necessários repetidos fracassos com animais para convencê-lo de que os movimentos vitais naturais e artificiais eram incompatíveis. Procurou lidar então com espécimes mortos recentemente, injetando suas fórmulas no sangue logo após a extinção da vida. Foi essa circunstância que deixou os professores tão incautamente céticos, pois achavam que de modo algum teria havido morte de verdade. Eles não pararam para analisar o assunto meticulosamente e de modo racional.

Não muito depois de a faculdade ter proibido seu trabalho, West confidenciou-me a resolução de dar um jeito de conseguir cadáveres humanos frescos para continuar em segredo os experimentos que não podia fazer publicamente. Ouvi-lo discutir modos e meios era horrível, pois, na faculdade, jamais havíamos obtido espécimes anatômicos por conta própria. Sempre que o necrotério se mostrava em falta, dois negros do local cuidavam do assunto, e quase nunca eram questionados.

West era, na época, um jovem pequeno, esbelto, de óculos, com feições delicadas, cabelos loiros, olhos azuis-claros e fala macia. Era até estranho ouvi-lo tratar dos méritos relativos do Cemitério Christchurch e da vala comum. Decidimo-nos pelo cemitério dos indigentes, porque praticamente todos os corpos sepultados no da Igreja eram embalsamados, condição esta prejudicial às pesquisas de West.

A essa altura, eu era seu assistente ativo e fanático, ajudando-o a tomar todas as decisões não só quanto à origem dos cadáveres, mas também quanto ao local apropriado para nosso repugnante trabalho. Fui eu quem pensou na casa deserta da fazenda dos Chapman, adiante de Meadow Hill. Ali, instalamos uma sala de operações e um laboratório no andar térreo, ambos protegidos por cortinas escuras para ocultar nossas proezas noturnas. O lugar ficava distante das estradas e fora da vista das outras raras casas. Mesmo assim, as precauções eram necessárias, pois circulavam rumores sobre luzes estranhas. Eram espalhados por transeuntes noturnos, e logo trariam dissabores ao nosso empreendimento.

Decidimos dizer que se tratava de um laboratório químico, caso alguém descobrisse. Equipamos aos poucos nosso sinistro antro da ciência com material comprado em Boston ou discretamente tomado de empréstimo na universidade – material cuidadosamente adulterado para ficar irreconhecível a olhos não experimentados. Também arranjamos pás e picaretas para os muitos sepultamentos que teríamos de fazer no porão. Na universidade, usávamos um incinerador, mas o aparelho era caro demais para o nosso laboratório clandestino. Cadáveres em geral eram um transtorno – mesmo os pequenos corpos das cobaias usadas nas experiências secretas no quarto de pensão de West.

Acompanhávamos os obituários locais como carniceiros macabros, pois demandávamos espécimes com qualidades específicas. Tudo de que precisávamos eram cadáveres enterrados pouco depois da morte, sem preservação artificial, de preferência não portadores de doenças deformantes e, é claro, com todos os órgãos presentes. Vítimas de acidentes eram as nossas melhores esperanças. Durante muitas semanas, não soubemos de nenhum aceitável, apesar de conversarmos com encarregados de morgues e de hospitais, ostensivamente em nome da universidade, sempre que isso não despertasse suspeitas.

Descobrimos que a universidade tinha a primazia em todos os casos, de modo que poderia ser preciso ficar em Arkham durante o verão, quando só aconteciam os cursos de férias. A sorte nos bafejou enfim, pois, certo dia, ouvimos falar de um caso quase ideal no cemitério dos indigentes. Um trabalhador jovem e musculoso se afogara na manhã anterior na Lagoa de Sumner e fora enterrado logo a seguir como indigente sem ser embalsamado. Naquela tarde, descobrimos o novo túmulo e resolvemos começar o trabalho pouco depois da meia-noite.

Foi uma tarefa repulsiva a que executamos ao lúgubre raiar da madrugada, embora ainda não tivéssemos, na época, o particular horror de cemitérios que experiências posteriores nos trouxeram. Levamos pás e lamparinas a óleo, pois, embora as lanternas elétricas já fossem fabricadas, não eram tão satisfatórias quanto os aparelhos de tungstênio de hoje. O processo de desenterrar era sórdido e demorado – poderia ter sido medonhamente poético se fôssemos artistas, e não cientistas – e ficamos gratos quando nossas pás bateram na madeira. Quando a caixa de pinho ficou toda descoberta, West saltou para dentro e retirou a tampa, arrastando para fora e escorando seu conteúdo. Abaixei-me, puxei aquilo para fora da sepultura e depois trabalhamos com afinco para devolver ao local a aparência anterior.

O caso nos deixou bastante nervosos, especialmente o corpo rígido e o rosto vazio de nosso primeiro troféu, mas tratamos de apagar todos os traços da nossa visita. Depois de socarmos a última pá de terra, colocamos o espécime num saco de lona e partimos para o velho solar dos Chapman, adiante de Meadow Hill.

Numa mesa de dissecar improvisada, da própria casa da fazenda, e sob a luz da poderosa lâmpada de acetileno, o espécime já não mostrava aparência tão espectral. Tinha sido um jovem robusto, com ar de pouco imaginativo e de tipo perfeitamente plebeu – corpulento, olhos acinzentados, cabelos castanhos –, um animal sólido, sem sutilezas psicológicas e certamente com processos vitais dos tipos mais simples e saudáveis. Agora, com os olhos fechados, parecia mais adormecido do que morto, embora o teste especial do meu amigo logo não deixaria a menor dúvida quanto a isso.

Tínhamos, enfim, o que West tanto almejava – um verdadeiro morto de tipo ideal, pronto para receber a solução preparada segundo os mais cuidadosos cálculos e teorias para uso humano. Nossa tensão aumentou muito. Sabíamos que era pequena a chance de sucesso absoluto e não conseguíamos evitar pavores terríveis devidos aos resultados possivelmente grotescos de uma reanimação parcial.

Estávamos particularmente apreensivos com respeito à mente e aos impulsos da criatura, pois, no período decorrido desde a morte, algumas células mais delicadas do cérebro poderiam ter sofrido certa deterioração. De minha parte, eu ainda conservava algumas ideias peculiares sobre a "alma" tradicional do homem e experimentava grande curiosidade quanto aos segredos que poderiam ser revelados por alguém que retornasse da morte. Ficava imaginando que visões esse plácido jovem poderia ter contemplado em esferas inacessíveis e o que poderia contar se tivesse sua vida plenamente restaurada. Mas minha admiração não era completa, pois eu compartilhava em boa medida o materialismo do meu amigo. Ele estava mais calmo do que eu quando injetou uma grande quantidade de seu fluido na veia do braço do cadáver, tratando a incisão de imediato e com destreza.

A espera foi terrível, mas West não vacilou em nenhum momento. De vez em quando, encostava seu estetoscópio no espécime e suportava filosoficamente os resultados negativos. Passados 45 minutos sem o menor sinal de vida, ele declarou, desapontado, que a fórmula era inadequada. Contudo, decidiu extrair o máximo da oportunidade e tentou mudar a fórmula antes de se livrar do pavoroso prêmio.

Naquela tarde, havíamos cavado uma sepultura no porão e deveríamos enchê-la ao amanhecer – porque, mesmo tendo colocado um cadeado na porta da casa, queríamos evitar o mais remoto risco de um achado abominável. Além disso, o cadáver já não estaria fresco no dia seguinte. Assim, levando a solitária lanterna de acetileno para o laboratório adjacente, deixamos nosso plácido hóspede no escuro, sobre a laje, e concentramos toda nossa energia na preparação de uma nova solução – West supervisionando pesagens e medições com um cuidado quase fanático.

O evento terrível foi muito repentino e absolutamente inesperado. Eu estava vertendo algo de um tubo de ensaio para outro e West, ocupado com um maçarico a álcool que fazia funcionar como bico de Bunsen naquele edifício sem instalação de gás, quando, do breu da sala de onde havíamos saído, explodiu a mais estarrecedora e demoníaca sucessão de gritos que alguém jamais ouviu. O caos de sons infernais não teria sido mais indescritível se o próprio inferno se abrisse para deixar sair a agonia dos condenados, pois, numa cacofonia inconcebível, concentrava-se o terror supremo e todo o desespero sobrenatural da natureza animada.

Humano não poderia ter sido – não é próprio do homem produzir sons que tais. Então, sem pensar em nosso recente experimento ou em uma possível descoberta, West e eu saltamos para a janela mais próxima como animais feridos, derrubando tubos, lanternas e retortas, mergulhando ensandecidos no abismo estrelado da noite rural. Creio que gritamos um para o outro enquanto corríamos em frenesi, aos tropeções, para a cidade. Quando alcançamos os subúrbios, porém, assumimos expressão reservada – o suficiente para parecermos farristas retardatários cambaleando para casa depois de uma orgia.

Ficamos juntos e tratamos de nos enfiar no quarto de West, onde ficamos sussurrando à luz do gás até o amanhecer. A essa altura, mais calmos e com teorias e planos racionais de investigação, conseguimos dormir o dia inteiro, esquecidos das aulas. Mas, naquela noite, duas matérias do jornal, inteiramente desconexas, de novo nos tiraram o sono.

A velha casa deserta de Chapman havia queimado misteriosamente, transformando-se num amontoado informe de cinzas. Isso, conseguimos deduzir, porque havíamos derrubado a lanterna. Também tinha sido feita uma tentativa de arrombar uma sepultura recente no cemitério dos indigentes, como se alguém, sem recurso a uma pá, tivesse arranhado a terra em vão. Isso não pudemos entender, pois havíamos socado perfeitamente a terra.

Depois disso e por dezessete anos, West costumava olhar por cima dos ombros e falar de passos imaginários às suas costas. Agora, ele desapareceu.

De início, sua primeira esperança havia sido encontrar um reagente que restaurasse a vitalidade antes do efetivo advento da morte, e foram necessários repetidos insucessos com animais para se convencer de que os movimentos vitais, naturais e artificiais, eram incompatíveis.

II
O DEMÔNIO PESTILENTO

Jamais esquecerei aquele pavoroso verão de quase duas décadas atrás quando, como um demônio repugnante das profundas de Éblis(2), a febre tifoide, insinuou-se furtivamente em Arkham. É por aquela calamidade satânica que a maioria das pessoas se recorda do ano, pois um verdadeiro terror pairou com asas de morcego sobre as pilhas de caixões nas campas do Cemitério Christchurch. Para mim, porém, houve horror maior naquele período – um horror que agora só eu sei, posto que Herbert West desapareceu.

West e eu estávamos fazendo trabalhos de pós-graduação nos cursos de verão da Faculdade de Medicina da Universidade de Miskatonic. Meu amigo havia alcançado grande notoriedade com seus experimentos de reanimação de mortos. Depois do massacre científico de incontáveis cobaias, o extravagante experimento foi ostensivamente interrompido por ordem de nosso cético reitor, o Dr. Allan Halsey. West, porém, continuou realizando testes secretos em seu pobre quarto de pensão e, numa ocasião pavorosa e inesquecível, teve a oportunidade de levar um cadáver humano de sua cova no cemitério dos indigentes para uma abandonada casa de fazenda adiante de Meadow Hill.

Eu estava com ele naquela ocasião odiosa, e o vi injetar nas veias inertes o elixir que a seu ver restauraria, em certo grau, os processos químicos e físicos da vida. Tudo terminou de maneira tenebrosa num delírio de medo, que gradualmente viemos a atribuir à exaustão de nossos nervos. Depois daquilo, West jamais pôde se livrar da enlouquecedora sensação de estar sendo assombrado e perseguido. O corpo não era fresco o bastante – é claro que, para restaurar os atributos mentais normais, o cadáver teria que ser realmente muito fresco – e o incêndio na velha casa nos impedira de enterrar a coisa. Teria sido melhor se pudéssemos saber que estava enterrada.

Depois daquela experiência, West abandonou suas pesquisas durante algum tempo. Mas, com o lento e progressivo retorno do zelo que caracteriza o cientista nato, ele começou a importunar de novo o corpo docente da universidade, pedindo para usar a sala de dissecação e solicitando os espécimes humanos frescos para o trabalho que julgava da mais extrema importância. Suas demandas, porém, foram vãs, pois a decisão do Dr. Halsey era inflexível, e os outros professores endossaram o veredicto de seu chefe. Na teoria radical da reanimação, eles nada viam além de fantasias imaturas de um jovem entusiasta cujo porte franzino, cabelos loiros, olhos azuis por trás dos óculos e voz suave não apresentavam indício algum do poder sobrenatural – quase diabólico – da mente fria que ele encerrava. Posso vê-lo agora como ele era então – e sinto calafrios. Seu rosto foi ficando grave, mas nunca envelhecido. Agora, o Hospício de Sefton sofrera o desastre e West havia desaparecido.

West se desentendera seriamente com o Dr. Halsey perto do encerramento de nosso último semestre na graduação. Foi uma disputa acalorada, que deu menos crédito a ele do que ao amável reitor no item da cortesia. Ele achava que estavam prejudicando desnecessária e irracionalmente uma obra de extrema importância – uma obra que ele decerto poderia realizar a seu gosto nos anos seguintes, mas que pretendia começar enquanto ainda tinha acesso às excepcionais instalações da universidade.

O fato de os velhos tradicionalistas ignorarem seus resultados com animais e continuarem rejeitando a possibilidade da reanimação era odioso e quase incompreensível para um jovem de temperamento lógico como West. Só a maturidade poderia ajudá-lo a entender as limitações mentais crônicas do tipo "professor-doutor" – produto de gerações de patético puritanismo: afáveis, conscienciosos e, às vezes, gentis e amigáveis, mas sempre bitolados, intolerantes, conservadores e sem horizontes.

A idade tem mais compaixão por essas personalidades incompletas, mas de espírito elevado, cujo pior vício é a timidez. Eles acabam sendo punidos pelo ridículo geral de seus pecados intelectuais – pecados como o ptolomeísmo, o calvinismo, o antidarwinismo, o antinietzscheísmo e toda a sorte de sabatismos e de leis suntuárias(3). West, jovem ainda, apesar de sua maravilhosa bagagem científica, não tinha muita paciência com o bom Dr. Halsey ou seus colegas eruditos e nutriu crescente ressentimento, combinado com o desejo de provar suas teorias para aqueles ilustres obtusos de maneira assombrosa e dramática. Como a maioria dos jovens, abandonava-se a elaborados devaneios de vingança, triunfo e magnânimo esquecimento final.

E veio então o flagelo, sorridente e letal, das cavernas de pesadelo do Tártaro(4). West e eu já estávamos formados quando começou, mas havíamos ficado na faculdade para um trabalho adicional nos cursos de verão, de forma que estávamos em Arkham quando a praga desceu com fúria demoníaca sobre a cidade. Embora ainda não fôssemos médicos licenciados, tínhamos nossos diplomas e fomos empurrados freneticamente para o serviço público quando o número de doentes aumentou.

A situação estava quase fora de controle e as mortes aconteciam depressa demais para os funcionários locais lidarem com a situação. Os enterros sem embalsamamento eram feitos em rápida sucessão, e mesmo a cripta de recepção e velório do Cemitério de Christchurch ficou cheia de caixões de mortos não embalsamados. Essa circunstância chamou a atenção de West, que pensava muito na ironia de sua situação – tantos espécimes frescos e nenhum para suas ansiadas pesquisas! Estávamos abarrotados de trabalho, e a terrível tensão nervosa e mental fazia meu amigo cismar morbidamente.

Mas os amáveis inimigos de West não estavam menos ocupados com deveres extenuantes. A universidade já estava quase fechada e todos os doutores da Faculdade de Medicina ajudavam a combater a epidemia de febre. O Dr. Halsey, em particular, distinguiu-se no sacrificado serviço, aplicando sua extrema habilidade com grande entusiasmo a casos que muitos evitavam, devido ao perigo ou à aparente inutilidade. Em menos de um mês, o destemido reitor se havia tornado um herói popular, embora não parecesse ter consciência de sua fama enquanto se esforçava para não desmoronar de fadiga física e exaustão nervosa. West não conseguia conter a admiração pela firmeza de seu desafeto, mas, por isso mesmo, ficou ainda mais decidido a provar-lhe a verdade de suas espantosas doutrinas.

Aproveitando-se da desorganização das atividades escolares e dos regulamentos da saúde pública, West conseguiu obter um corpo recém-falecido, contrabandeado para a sala de dissecação da universidade certa noite e, em minha presença, injetou uma diluição modificada de sua fórmula. A coisa realmente abriu os olhos, mas apenas fitou o teto com um olhar petrificado de horror antes de mergulhar numa inércia da qual nada conseguiu tirá-la. Meu colega disse que o corpo não estava suficientemente fresco – o clima quente do verão não favorece os cadáveres. Dessa vez, quase nos pegaram antes de incinerarmos a coisa, e West achou pouco aconselhável repetir sua ousada usurpação do laboratório da faculdade.

A epidemia atingiu seu auge em agosto. West e eu estávamos quase mortos, e o Dr. Halsey morreu no dia 14. Todos os alunos compareceram ao funeral, realizado às pressas no dia 15, e levaram uma coroa de flores magnífica, devidamente ofuscada pelos tributos enviados por cidadãos ricos de Arkham e pela própria municipalidade. Era praticamente questão de interesse público, pois o reitor certamente fora um benfeitor da comunidade. Depois do enterro, ficamos todos um pouco deprimidos e passamos a tarde no bar da Câmara de Comércio, onde West, mesmo abalado pela morte de seu principal adversário, deixou todos deprimidos com as referências a suas notórias teorias. A maioria dos alunos ia para casa ou para outros afazeres à medida que a noite avançava, mas West me persuadiu a ajudá-lo a "passar uma noite na farra". A dona da pensão onde ele morava nos viu entrar em seu quarto com um terceiro homem entre nós e comentou com o marido que decerto tínhamos jantado e bebido para valer.

Aparentemente, aquela matrona azeda estava certa, pois, em torno das três da manhã, a casa toda despertou com os gritos que chegavam do quarto de West. Ali, depois de arrombada a porta, nos encontraram inconscientes sobre o tapete manchado de sangue, golpeados, arranhados e machucados, cercados pelos restos de garrafas e instrumentos de West. Apenas uma janela aberta informava sobre o que acontecera com nosso agressor, e todos ficamos imaginando como ele conseguira escapar depois do terrível salto que dera do segundo andar até o gramado.

Havia algumas roupas estranhas no quarto, mas West, recobrada a consciência, disse que elas não pertenciam ao estranho; eram peças coletadas para análise bacteriológica no curso de pesquisa sobre transmissão de doenças contagiosas. Ele ordenou que fossem queimadas o mais depressa possível na espaçosa lareira. Para a polícia, nós dois declaramos ignorar a identidade de nosso recente companheiro. West disse, nervosamente, que era um desconhecido que havíamos encontrado em um bar, num local incerto da cidade. Nós havíamos nos divertido um bocado e não gostaríamos que nosso companheiro encrenqueiro fosse perseguido.

Aquela mesma noite assistiu ao início do segundo horror de Arkham – o horror que, para mim, eclipsou o da própria epidemia. O Cemitério de Christchurch foi palco de um terrível assassinato: um vigia fora rasgado até a morte de um modo não apenas repugnante demais para ser descrito, mas que suscitou dúvidas sobre a origem humana do feito. A vítima fora vista com vida muito depois da meia-noite – uma aurora revelou a coisa inexprimível. O gerente de um circo da cidade vizinha de Bolton foi interrogado, mas jurou que nenhuma fera havia escapado de sua jaula. Os que encontraram o corpo notaram uma trilha de sangue levando para a capela mortuária, onde uma pequena poça vermelha jazia sobre o concreto bem à frente do portão. Uma trilha mais fraca afastava-se na direção dos bosques, para logo desaparecer.

Na noite seguinte, demônios dançaram sobre os telhados de Arkham e uma loucura sobrenatural uivou com o vento. Arrastou-se furtivamente pela cidade febril uma maldição que alguns diziam ser maior que a peste e outros sussurravam ser a alma do demônio encarnada na própria peste. Oito casas haviam sido invadidas por uma coisa inominável, que deixava a morte rubra em sua esteira – em todas, dezessete restos de corpos mutilados foram abandonados pelo monstro sádico e silencioso que se arrastava sorrateiro pela região. Algumas pessoas o viram difusamente no escuro e disseram que era branco e parecia um macaco disforme, ou um demônio antropomórfico. Ele não havia largado para trás tudo o que havia atacado, pois às vezes tivera fome. O número dos que ele tinha matado chegou a catorze; três dos corpos já estavam sem vida em casas assaltadas pela peste.

Na terceira noite, bandos frenéticos de vigilantes chefiados pela polícia o capturaram numa casa da Crane Street, perto do *campus* de Miskatonic. Tinham organizado a busca com cuidado, mantendo-se em contato através de postos telefônicos voluntários. Quando alguém do distrito universitário informou ter ouvido arranharem uma janela fechada, a rede foi rapidamente lançada. Por conta do alarme e das precauções gerais, houve só mais duas vítimas, e a captura foi feita sem maiores baixas. A coisa foi finalmente parada por uma bala, embora não fatal, e foi levada às pressas para o hospital do lugar, em meio a excitação e repugnância generalizadas.

Aquilo havia sido um homem. Isso ficava claro, apesar dos olhos nojentos, a muda e simiesca semelhança de satânica selvageria. Trataram de seus ferimentos e o levaram de carro para o Hospício de Sefton, onde ele bateu a cabeça nas paredes almofadadas da cela por dezesseis anos – até o recente episódio, quando escapou em circunstâncias que poucos gostam de mencionar. O que mais horrorizou os caçadores de Arkham foi o que perceberam quando o rosto do monstro foi lavado – a desconcertante e incrível semelhança com um mártir instruído e abnegado que havia sido sepultado apenas três dias antes: o falecido Dr. Allan Halsey, benfeitor público e reitor da Faculdade de Medicina da Universidade de Miskatonic.

Para o desaparecido Herbert West e para mim, a repugnância e o horror foram supremos. Estremeço à noite ao pensar nele; estremeço ainda mais do que naquela manhã, quando West murmurou por entre suas ataduras:

– Maldição, ele não estava suficientemente fresco!

Fui eu quem pensou na casa de fazenda deserta dos Chapman, além de Meadow Hill, onde instalamos uma sala de operações e um laboratório no andar térreo, ambos protegidos por cortinas escuras para ocultar nossas proezas noturnas.

III
SEIS TIROS À MEIA-NOITE

É incomum descarregar todos os seis projéteis de um revólver rapidamente quando só um talvez fosse suficiente, mas muitas coisas na vida de Herbert West eram incomuns. Por exemplo, não é sempre que um jovem médico egresso da universidade é obrigado a ocultar os princípios que orientam sua escolha de casa e escritório – no entanto, esse foi o caso com Herbert West. Quando ele e eu nos graduamos em medicina na Universidade de Miskatonic e tentamos aliviar a pobreza, estabelecendo-nos como clínicos gerais, tomamos grande cuidado para não dizer que havíamos escolhido a casa por que era bem isolada e ficava o mais perto possível do cemitério dos indigentes.

Tamanha discrição raramente é gratuita, e foi o que se deu conosco, pois nossas exigências resultavam de uma atividade profissional nitidamente impopular. Por fora, éramos simples médicos; abaixo da superfície, tínhamos objetivos muito mais importantes e terríveis – pois, para Herbert West, a essência da vida estava na pesquisa dos reinos tenebrosos e ocultos do desconhecido. Ali, ele esperava desvendar o segredo da vida e restaurar para a animação perpétua o barro frio do túmulo. Uma busca assim exige materiais estranhos, entre os quais cadáveres humanos frescos, e, para manter o fornecimento desse insumo indispensável, é preciso viver discretamente e não longe do local de sepultamento informal.

West e eu nos conhecemos na universidade, onde eu havia sido o único a simpatizar com seus repugnantes experimentos. Aos poucos, fui me tornando seu inseparável assistente. E agora, saídos da faculdade, tínhamos que ficar juntos. Não era fácil encontrar um bom emprego para dois médicos ao mesmo tempo, mas a influência da universidade acabou por nos garantir uma oportunidade em Bolton – cidade fabril perto de Arkham, sede da universidade. A Bolton Worsed Mills é a maior do Vale do Miskatonic, e seus empregados poliglotas não são pacientes populares entre os médicos locais.

Selecionamos nossa residência com o maior cuidado, definindo-nos finalmente por uma casinha em péssimo estado perto do fim da Pond Street, a cinco números do vizinho mais próximo e separada do cemitério local de indigentes por um único terreno descampado, dividido em dois pelo estreito gargalo de um bosque muito denso ao norte. A distância era maior do que queríamos, mas não seria possível conseguir casa mais próxima sem ir para o outro lado do campo, inteiramente fora do distrito industrial. Isso não nos incomodou muito afinal, pois não havia ninguém entre nós e a sinistra fonte de nossos suprimentos. A caminhada era um pouco longa, mas poderíamos arrastar nossos silenciosos espécimes sem perturbação.

Nossa atividade médica foi espantosamente grande desde o início – grande a ponto de agradar à maioria dos médicos e grande o bastante para se mostrar um fardo e um aborrecimento para estudiosos cujo real interesse era outro. Os operários tinham índole um tanto turbulenta e, além de suas muitas necessidades naturais, suas frequentes brigas a socos e facadas nos davam muito o que fazer. Mas o que absorvia mesmo nossas mentes era o laboratório secreto, que havíamos montado no porão – o laboratório com a mesa comprida debaixo da iluminação elétrica, onde, nas primeiras horas da madrugada, geralmente injetávamos várias fórmulas de West nas veias dos seres que arrastávamos do cemitério dos indigentes.

West testava desvairadamente, mas enfrentava os mais terríveis obstáculos, tentando encontrar alguma coisa que provocasse novos movimentos vitais depois de eles terem sido interrompidos por uma coisa que chamamos de "morte". A fórmula precisava ser reformulada para os diferentes tipos – a que serviria para cobaias não serviria para seres humanos, e espécimes humanos diferentes também exigiam grandes modificações.

Os cadáveres precisavam ser extraordinariamente frescos; caso contrário, a mais leve decomposição do tecido cerebral impediria uma reanimação perfeita. Na verdade, o maior problema era obtê-los suficientemente frescos – West tivera experiências horríveis durante suas pesquisas secretas na universidade com cadáveres de safra duvidosa. Os resultados de uma animação parcial ou imperfeita eram muito mais odiosos do que um fracasso total, e ambos tínhamos recordações pavorosas dessas coisas.

Desde a primeira sessão demoníaca na casa de campo abandonada em Meadow Hill, em Arkham, vínhamos sentindo uma crescente ameaça, e West, embora fosse aquela pessoa calma, loira, de olhos azuis – um autômato científico em muitos aspectos –, dizia várias vezes ter a sensação arrepiante de estar sendo seguido furtivamente.

Ele tinha essa sensação – uma ilusão psicológica provocada por nervos abalados e amplificada pelo fato inegavelmente perturbador de que, pelo menos um de nossos espécimes reanimados estava vivo – uma apavorante criatura carnívora encerrada numa cela acolchoada em Sefton. E ainda havia outra – nossa primeira –, cujo destino exato nunca pudemos esclarecer.

Tivemos muita sorte com os espécimes de Bolton – muito melhores do que os de Arkham. Menos de uma semana depois de nos instalarmos, conseguimos uma vítima de acidente na mesma noite do enterro e a fizemos abrir os olhos com uma expressão espantosamente racional antes de a fórmula falhar. Ele havia perdido um braço – se o corpo fosse perfeito, teríamos obtido melhores resultados. Dali até o mês de janeiro seguinte, arranjamos outros três – um fracasso absoluto, um caso de acentuado movimento muscular e um ser trêmulo, que se ergueu e proferiu um som. Depois, veio um período de pouca sorte; os enterros rarearam e os que ocorreram eram de espécimes muito doentes ou mutilados demais para uso. Acompanhávamos todas as mortes e as circunstâncias que as cercavam com meticuloso cuidado.

Certa noite de março, porém, obtivemos inesperadamente um espécime que não provinha do cemitério de indigentes. Em Bolton, o puritanismo dominante havia proibido lutas de boxe – com as consequências habituais. Lutas clandestinas e malconduzidas entre operários eram comuns e, de vez em quando, traziam algum profissional de categoria inferior. Nessa noite de fim de inverno, aconteceu uma dessas lutas, evidentemente com resultados desastrosos, pois dois polacos tímidos nos vieram procurar, murmurando súplicas incoerentes para atendermos um caso muito secreto e desesperado. Nós os seguimos até um galpão abandonado, onde o resto de uma multidão de estrangeiros assustados observava uma forma silenciosa e escura no chão.

A luta havia sido entre Kid O'Brien – um jovem abrutalhado que se pavoneava, com nariz adunco bem pouco irlandês – e Buck Robinson, "O Raio do Harlem". O negro havia sido nocauteado e um rápido exame nos mostrou que ficaria assim para sempre. Era um homem excepcionalmente forte, cujo rosto conjurava a magia oculta do Congo, com tambores soando sob o clarão sinistro do luar. O medo havia se espalhado naquela deplorável multidão, que desconhecia consequências da lei caso o assunto não fosse abafado. Assim sendo, todos ficaram muito gratos quando West, apesar de seus tremores involuntários, se ofereceu para levar o corpo discretamente para um propósito que eu conhecia muito bem.

A lua clareava perfeitamente a paisagem sem neve, mas vestimos o corpo e o carregamos entre nós pelas ruas e pelos campos desertos como havíamos carregado uma criatura similar certa noite pavorosa em Arkham. Aproximamo-nos da casa pelo campo dos fundos. Entramos com o corpo pela porta de trás e descemos com ele pela escada do porão, preparando-o para o habitual experimento. Nosso medo da polícia era terrível, embora houvéssemos programado nossa viagem de modo a evitar o solitário guarda daquele setor.

O resultado foi um fiasco. Por mais selvagem que parecesse nosso prêmio, ele não reagiu minimamente a nenhuma das soluções que injetamos em seu braço negro, fórmulas preparadas para experiências feitas apenas com espécimes brancos. Assim, quando a noite se aproximava perigosamente do amanhecer, fizemos como havíamos feito com os outros – arrastamos o corpo pelo campo até a pequena porção de bosque perto do cemitério dos indigentes e o enterramos ali no melhor túmulo que um solo congelado nos permitiu. A cova não ficou muito funda, mas quase tão boa quanto a do espécime anterior – a coisa que se havia erguido e expelido um som. À luz de nossas lamparinas, cobrimos cuidadosamente o local com folhas e mato secos, certos de que a polícia jamais a encontraria numa floresta tão escura e cerrada.

No dia seguinte, cresceram meus receios relativamente à polícia, pois um paciente trouxe rumores sobre a suspeita de uma luta com morte. West tinha outro motivo de preocupação: havia sido chamado à tarde para um caso que terminou de forma muito ameaçadora. Uma italiana havia ficado histérica com o desaparecimento do filho – um garoto de 5 anos que saíra de manhã bem cedo e não tinha voltado para o almoço – e desenvolvera sintomas muito alarmantes, tendo em vista a fraqueza de seu coração. Era uma histeria tola, pois o garoto já havia fugido outras vezes, mas os camponeses italianos são supersticiosos demais e os presságios pareciam atormentar aquela mulher tanto quanto os fatos.

Por volta das sete da noite, ela morreu, e seu enfurecido esposo provocou uma cena espantosa tentando matar West, que acusava de não ter salvado a mulher. Foi agarrado por amigos quando puxou um estilete, mas West saiu às pressas, seguido por seus desumanos uivos, maldições e juramentos de vingança. Com o novo sofrimento, o sujeito pareceu esquecer o filho, que continuou desaparecido durante a noite. Correram rumores sobre uma procura nos bosques, mas a maioria dos amigos da família estava ocupada com a morta e com o marido desatinado. Somando tudo, a tensão nervosa de West devia ser tremenda. As preocupações com a polícia e o italiano ensandecido deviam estar a oprimi-lo severamente.

Deitamos por volta das onze, mas não dormi direito. Bolton dispunha de uma força policial preparada demais para uma cidade tão pequena, e eu não conseguia deixar de ficar apreensivo com a confusão que se estabeleceria se o caso da noite anterior fosse investigado. Isso poderia significar o fim de todo nosso trabalho local – e, talvez, a prisão para West e para mim. Não gostei daqueles rumores que andavam circulando sobre a briga. Quando o relógio soou três vezes, a lua brilhava sobre meus olhos, mas virei-me para o outro lado e não me levantei para correr a persiana. Depois, veio aquele som de alguém chacoalhando a porta dos fundos.

Fiquei deitado, em silêncio, um pouco atordoado, mas não demorou muito para ouvir West bater de leve na minha porta. Ele estava de roupão e chinelos e trazia um revólver e uma lanterna nas mãos. Pelo revólver, percebi que estava pensando mais no italiano enfurecido do que na polícia.

– É melhor irmos nós dois, sussurrou. – Não adiantaria mesmo não atender... E pode ser um paciente... É típico de um doido daqueles bater na porta dos fundos.

Assim, nós dois descemos a escada na ponta dos pés, possuídos por um medo em parte justificado e em parte resultante da alma agourenta da madrugada. O chocalhar continuava, apenas um pouco mais forte do que antes. Chegando junto à porta, eu cautelosamente a destranquei e abri; quando a luz brilhou, reveladora, sobre a silhueta da forma que ali se postava, West tomou uma atitude curiosa. Apesar do risco evidente de chamar atenção e trazer sobre nós a temida investigação policial – algo que, afinal, era felizmente evitado pelo relativo isolamento de nossa casinha –, meu amigo descarregou de forma precipitada, excitada e desnecessária todas as seis câmaras do revólver no visitante noturno.

Aquele visitante não era nem italiano nem policial. Destacando-se de maneira repugnante contra a lua espectral, ali estava uma coisa gigantesca e disforme, que só um pesadelo podia abrigar – uma aparição preta retinta, de olhos vidrados, quase de quatro, coberta de torrões de barro, folhas, trepadeiras, manchada de sangue coagulado e trazendo entre os dentes luzidios um objeto cilíndrico, terrível, da alvura da neve, terminando numa pequenina mão.

O corpo agora se contorcia com maior vigor e, debaixo de nossos olhos atentos, começou a se erguer de maneira assustadora. Os braços esticaram-se nervosamente, as pernas levantaram-se e vários músculos contraíram-se numa espécie repulsiva de convulsão.

IV
O GRITO DO MORTO

O grito de um morto provocou em mim o horror que tomei pelo Dr. Herbert West, algo que dificultou os últimos anos de nossa convivência. É natural que um grito de homem provoque horror, pois é evidente que não se trata de uma ocorrência ordinária ou agradável, mas eu estava acostumado com experiências similares. Por isso, padeci nessa ocasião somente por uma circunstância particular. E, como sugeri, não foi do próprio morto que fiquei com medo.

Herbert West, de quem eu era assistente e parceiro, tinha interesses científicos muito além da rotina habitual de um médico interiorano. Por esse motivo, ao estabelecer sua atividade profissional em Bolton, ele havia escolhido uma casa isolada perto do cemitério dos indigentes. De fato, o único interesse capaz de absorver West era o estudo secreto dos fenômenos da vida e de sua suspensão, levando à reanimação do morto com injeções de uma fórmula excitante.

Para essa experimentação tenebrosa, era necessário o fornecimento constante de cadáveres humanos muito frescos; fresquíssimos, porque a menor decomposição danificaria irremediavelmente a estrutura cerebral. E necessitavam ser humanos, por termos descoberto que a fórmula precisava ter composição diferente para diferentes tipos de organismos. Montes de coelhos e outras cobaias foram mortas e manipuladas, mas esse processo não dera em nada. West jamais conseguiu um sucesso total, porque nunca pôde obter um cadáver suficientemente fresco.

Na verdade, ele queria cadáveres com todas as células intactas e capazes de receber de novo o impulso para o modo de ação chamado "vida". A expectativa era que essa segunda vida, artificial, poderia se tornar perpétua com repetidas injeções, mas havíamos aprendido que uma vida natural ordinária não reagiria à ação. Para criar o movimento artificial, a vida natural precisava estar esgotada – os espécimes deviam estar muito frescos, mas genuinamente mortos.

A fabulosa busca tinha começado quando West e eu éramos alunos da Faculdade de Medicina da Universidade de Miskatonic, pela primeira vez conscientizados da natureza absolutamente mecânica da vida. Isso acontecera sete anos antes, mas West parecia não ter envelhecido um só dia desde então – pequeno, loiro, usando óculos, bem barbeado, voz macia, com cintilações ocasionais dos frios olhos azuis a indicar o crescente fanatismo e o endurecimento de seu caráter sob a pressão de suas terríveis investigações. Muitas vezes, nossas experiências haviam sido repugnantes ao extremo; com resultados defeituosos da reanimação, quando massas de barro sepulcral haviam sido galvanizadas em movimentos mórbidos, extravagantes e descontrolados por várias modificações da solução vital.

Uma coisa havia soltado um grito de abalar os nervos; outra se levantou abruptamente, nos agrediu a ponto de nos deixar inconscientes e saiu correndo como um possesso furioso até ser colocada atrás das grades de um hospício; outra ainda, oriunda do continente africano, escapou da cova rasa onde estava e agido – West tivera que meter bala naquela coisa.

Como não conseguíamos obter corpos suficientemente frescos, capazes de revelar algum traço de razão após a reanimação; portanto, forçosamente, havíamos criado aqueles indescritíveis horrores. Era perturbador pensar que um, talvez dois dos nossos monstros ainda viviam – o pensamento nos assombrava insistentemente, até que West acabou desaparecendo em circunstâncias pavorosas. Mas, por ocasião do grito no laboratório do porão da casa de campo isolada em Bolton, nossos medos eram aplacados pela ânsia de conseguir espécimes muito recentes. West ficava mais ansioso do que eu; às vezes, me parecia que olhava com cobiça para qualquer pessoa viva saudável.

Foi em julho de 1910 que nossa má sorte relativa aos espécimes começou a mudar. Eu estivera fora, visitando demoradamente meus parentes de Illinois. Quando voltei, encontrei West num estado de singular exaltação. Excitadíssimo, contou-me que, com toda a probabilidade, havia resolvido o problema do tempo de origem dos espécimes por um ângulo inteiramente novo: o da preservação artificial. Eu sabia que ele vinha trabalhando num composto de embalsamamento novo e invulgar; portanto, não me surpreendeu que tivesse conseguido. Porém, até ele explicar os detalhes, fiquei bastante confuso sobre como tal composto poderia ajudar em nosso trabalho. Afinal, o envelhecimento prejudicial dos espécimes se devia, em grande medida, ao tempo decorrido até conseguirmos obter o corpo. Percebi que West havia reconhecido claramente esse ponto ao criar seu composto de embalsamamento para uso futuro e não imediato, pois confiava na sorte para o fornecimento de um cadáver recente e insepulto, como acontecera anos antes quando conseguimos o negro morto na luta em Bolton.

Enfim, a sorte nos bafejou, de modo que, nessa ocasião, jazia em nosso laboratório secreto um cadáver cuja decomposição não poderia, em hipótese nenhuma, ter começado. O que aconteceria na reanimação e se poderíamos esperar a revitalização da mente e da razão, West ainda não se aventurava a prever. O experimento seria um marco em nossos estudos, e ele havia guardado o novo cadáver para a minha volta, de modo que ambos pudéssemos compartilhar o espetáculo da maneira habitual.

West me contou como tinha conseguido o espécime. Tratava-se de um homem vigoroso, um estrangeiro bem-vestido que saltara havia pouco do trem para realizar algum negócio com a Bolton Worsted Mills. A caminhada para a cidade havia sido longa, e o viajante parou em nossa casa para se informar sobre o endereço da fábrica. Seu coração fora muito forçado. Ele recusou um estimulante e caiu morto um instante depois. O corpo, como era de esperar, pareceu uma dádiva dos céus para West. Em sua breve conversa, o estranho havia deixado claro que era desconhecido em Bolton e a busca posterior em seus bolsos revelou que era Robert Leavitt, de Saint Louis, aparentemente sem família que viesse investigar seu desaparecimento.

Se a vida desse homem não pudesse ser restaurada, ninguém saberia de nosso experimento. Enterrávamos nossos materiais numa densa faixa de bosque entre a casa e o cemitério dos indigentes. Em contrapartida, se ele pudesse ser ressuscitado, nossa fama se tornaria brilhante e duraria para sempre. Assim, sem maior delonga, West injetou no pulso do cadáver o composto que o manteria fresco para ser usado quando eu chegasse. A questão do coração presumivelmente fraco, que a meu ver colocaria em risco o sucesso de nosso experimento, não pareceu preocupar West. Ele esperava ao menos conseguir o que jamais havíamos conseguido antes: uma faísca reanimada de razão e, talvez, uma criatura viva normal.

Assim, na noite de 18 de julho de 1910, Herbert West e eu estávamos no laboratório do porão, observando uma figura branca inerte sob a luz ofuscante do arco voltaico. O composto de embalsamar havia funcionado com perfeição, pois, quando olhei, fascinado, para o corpo robusto que permanecera duas semanas sem enrijecer, fui levado a pedir que West me garantisse que ele estava morto de fato. O colega me deu de imediato essa garantia, lembrando que a solução reanimadora nunca era usada sem testes cuidadosos quanto à vida, pois não poderia fazer efeito algum se a vitalidade original estivesse presente.

Enquanto West realizava os passos preliminares, fiquei impressionado com a extrema complexidade do novo experimento; complexidade tamanha que ele não podia confiar em outra mão que não tivesse a delicadeza da sua. Proibindo-me de tocar no corpo, ele primeiro injetou uma droga no pulso, bem ao lado do local onde injetara o composto de embalsamar. Aquilo, disse ele, servia para neutralizar o composto e liberar o sistema para um relaxamento natural, de forma que a solução reanimadora pudesse agir livremente quando fosse injetada. Pouco depois, quando uma mudança e um leve tremor pareceram afetar os membros do morto, West apertou com força um objeto em forma de travesseiro sobre o rosto contraído, não o retirando até o cadáver parecer imóvel e pronto para nossa tentativa de reanimação

O pálido entusiasta realizou então alguns últimos testes rotineiros para ter certeza absoluta da ausência de vida. Enfim, recuou satisfeito e injetou no braço esquerdo do espécime uma quantidade cuidadosamente medida do elixir vital, preparado durante a tarde com cuidado maior do que vínhamos tendo desde os tempos da escola, quando nossas proezas eram novas e canhestras. Não posso expressar o terrível suspense em que esperamos os resultados desse primeiro espécime realmente fresco – o primeiro do qual poderíamos esperar que abrisse os lábios numa fala racional, talvez para contar o que teria visto além do abismo insondável.

West era materialista, não acreditava na alma e atribuía todo o trabalho da consciência a fenômenos corporais; por isso, não esperava a revelação de segredos hediondos dos abismos e cavernas situados além da barreira da morte. Em teoria, eu não discordava completamente dele, mas guardava rasgos instintivos da fé primitiva de meus antepassados; assim sendo, não pude deixar de observar o cadáver com certa admiração e terrível expectativa. Ademais, não conseguia tirar da lembrança aquele grito pavoroso e desumano ouvido na noite do nosso primeiro experimento na casa de fazenda em Arkham.

Não demorou muito para eu perceber que a tentativa atual não seria um fracasso absoluto. Um traço de cor apareceu nas maçãs daquele rosto, até então lívido como gesso, e se espalhou por baixo da barba cor de areia curiosamente larga. West, que mantinha a mão no pulso esquerdo do cadáver para detectar alguma pulsação, fez um aceno significativo com a cabeça – quase ao mesmo tempo, uma névoa se formou no espelho inclinado sobre a boca do corpo. Seguiram-se alguns espasmos musculares e, depois, a respiração audível e um movimento visível do peito. Olhei para as pálpebras fechadas e pensei ter captado um estremecimento. Depois, as pálpebras se abriram, revelando olhos cinzentos, calmos e vivos, mas ainda sem sinal de inteligência nem de curiosidade.

Num momentâneo e fantástico impulso, sussurrei perguntas nas orelhas que começavam a ganhar cor; perguntas sobre outros mundos, cuja memória ainda poderia estar presente. Um novo terror apagou-as da minha consciência, mas creio que a última que repeti foi: "Onde você esteve?" Ainda não sei se ele me respondeu ou não, pois nenhum som escapou da bem-desenhada boca, mas sei que, naquele momento, pensei ter visto os lábios finos se moverem em silêncio, formando sílabas que eu teria vocalizado como "só agora" se a frase tivesse sentido e relevância.

Naquele momento, eu estava enlevado com a convicção de que uma grande meta tinha sido alcançada e de que, pela primeira vez, um cadáver inanimado havia pronunciado palavras distintas, impelido por uma verdadeira razão. No momento seguinte, não restou nenhuma dúvida sobre o triunfo, nenhuma dúvida de que a fórmula havia de fato realizado, ao menos temporariamente, a missão completa de devolver vida articulada e racional ao morto. Mas, em meio àquele triunfo, aconteceu o maior de todos os horrores – não o horror da coisa que tinha falado, mas do feito que eu havia testemunhado e do homem a quem meu destino profissional estava ligado.

Pois aquele corpo muito fresco, se debatendo, enfim, para entrar numa consciência plena e aterradora, com olhos dilatados pela recordação de sua última cena na Terra, estendeu as mãos ávidas numa luta de vida e morte com o ar, e mergulhou de repente numa segunda e final dissolução da qual não poderia haver retorno, soltando o grito que vai retinir eternamente em meu cérebro dolorido:

– Socorro! Afaste-se, maldito diabo loiro... afaste essa agulha satânica de mim!

Na noite seguinte, demônios dançaram sobre os telhados de Arkham e uma loucura sobrenatural uivou com o vento. Arrastou-se furtivamente pela cidade febril uma maldição que alguns diziam ser maior que a peste e outros sussurravam ser a alma demoníaca encarnada na própria peste.

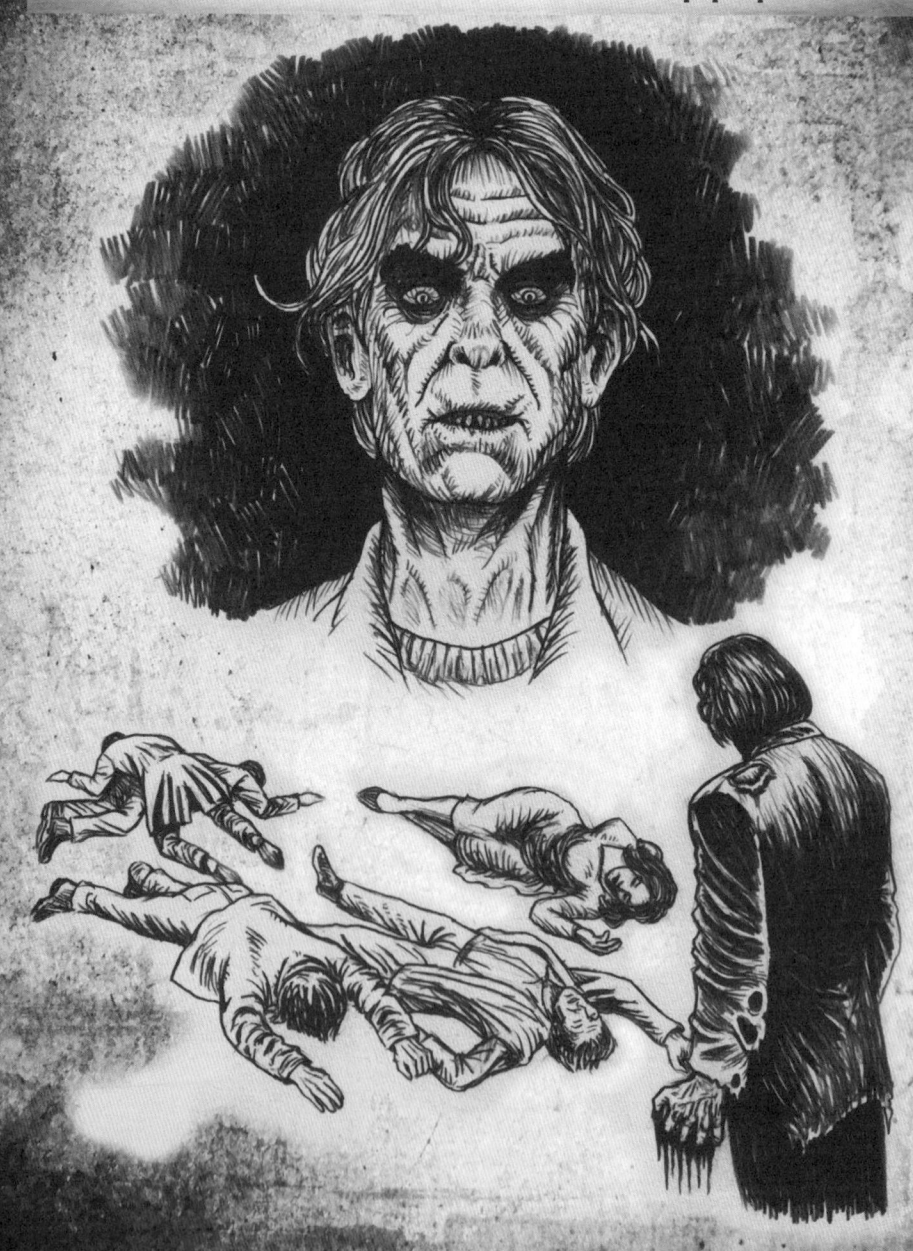

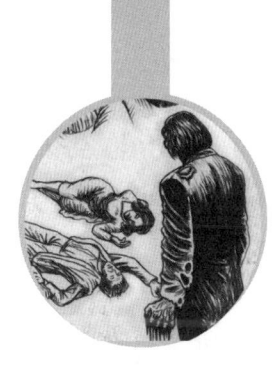

V
O HORROR QUE VEIO DAS SOMBRAS

Muitas pessoas relataram coisas hediondas, não mencionadas na imprensa, que aconteceram nos campos de batalha da Primeira Grande Guerra. Algumas delas me fizeram desmaiar, outras me provocaram uma náusea devastadora, enquanto outras ainda me fizeram estremecer e olhar para trás no escuro. Contudo, a despeito da pior delas, eu mesmo posso relatar a coisa mais repugnante de todas – o apavorante, sobrenatural e inacreditável horror que veio das trevas.

Em 1915, eu já era médico e tinha patente de primeiro-tenente num regimento canadense em Flandres, um dos muitos norte-americanos a se antecipar ao próprio governo na luta titânica. Não havia entrado no exército por iniciativa própria, mas em decorrência do alistamento do homem de quem eu era o indispensável assistente: o famoso especialista em cirurgia de Boston, Dr. Herbert West. Ele ficara ansioso pela oportunidade de servir como cirurgião numa grande guerra e, quando a oportunidade surgiu, me carregou quase contra a minha vontade. Eu tinha razões para querer que a guerra nos separasse, razões que me faziam considerar as atividades médicas e a companhia de West cada vez mais incômodas. Porém, quando ele partiu de Ottawa, tendo conseguido uma missão médica com a patente de major, por influência de um colega, não pude resistir à imperiosa argumentação de que eu deveria acompanhá-lo na condição usual.

Quando digo que o Dr. West estava ávido para servir em batalha, não pretendo dizer que fosse por natureza inclinado a atividades bélicas ou estivesse ansioso para salvar a civilização. Ele era a gélida máquina intelectual de sempre, e creio que escarnecia secretamente de meus ocasionais entusiasmos bélicos e censuras à neutralidade indolente. Ele queria algo da conflagrada Flandres e, para consegui-lo, precisava assumir aspecto militar. O que ele queria não era o que muitas pessoas querem, mas algo relacionado com o ramo particular da ciência médica que havia escolhido, quase secretamente, e no qual havia alcançado resultados admiráveis e às vezes repugnantes. Nada mais nada menos do que um abundante suprimento de mortos recentes em todos os estágios de desmantelamento.

Herbert West precisava de cadáveres frescos por ser a reanimação de um morto o trabalho de sua vida. Esse trabalho era ignorado pela clientela elegante que fizera sua fama depois da chegada a Boston, mas bem conhecido por mim, seu amigo mais chegado e único assistente desde os velhos tempos da Faculdade de Medicina da Universidade de Miskatonic, em Arkham.

West logo aprendera que um cadáver completamente fresco era o principal requisito dos espécimes úteis, o que o levara a métodos assustadores e desnaturados para obtenção de corpos. Quando a ousadia de seus métodos aumentou, fui adquirindo um medo corrosivo. Desagradava-me o jeito como ele olhava para corpos vivos e saudáveis. Depois, veio aquela pavorosa sessão no laboratório do porão, quando fiquei sabendo que certo espécime estava lá e como ele o havia conseguido. Aquela foi a primeira vez que ele foi capaz de reanimar a qualidade do pensamento racional num cadáver, e seu êxito, conseguido a um custo tão repugnante, o deixara absolutamente insensível.

De seus métodos nos cinco anos posteriores, não ouso falar. Fiquei preso a ele por força total do medo, testemunhando cenas que nenhuma língua humana pode reproduzir. Aos poucos, cheguei a considerar o próprio Herbert West mais horrível do que tudo o que ele fazia. Isso aconteceu quando comecei a perceber que seu interesse científico pelo prolongamento da vida, antes normal, se havia sutilmente transformado em curiosidade mórbida e corrompida e num gozo secreto do macabro. Seu interesse virou um vício terrível e perverso por tudo o que era repelente e diabolicamente anormal. Ele se regozijava, tranquilo, com monstruosidades artificiais que fariam o mais saudável dos homens cair morto de pavor e aversão. Tornou-se, por trás de sua pálida intelectualidade, um fastidioso Baudelaire(5) do experimento físico – um lânguido Heliogábalo(6) das sepulturas.

Perigos, ele os enfrentava sem vacilar; crimes, ele os cometia sem piscar. Penso que o clímax foi alcançado quando comprovou sua tese de que a vida racional pode ser restaurada e procurou novos mundos a conquistar, fazendo experiências com reanimação de partes destacadas do corpo. Tinha ideias bárbaras e originais sobre as propriedades vitais independentes de células orgânicas e tecidos nervosos separados dos sistemas fisiológicos naturais. Alcançou alguns resultados preliminares repugnantes, na forma de tecido perpétuo, artificialmente nutrido, obtido a partir de ovos quase chocados de um indescritível réptil tropical.

Estava particularmente ansioso para estabelecer duas questões biológicas – primeiro, se alguma quantidade de consciência e ação racional seria possível sem cérebro, partindo da medula espinhal e de vários centros nervosos; segundo, se pode existir algum tipo de relação etérea, intangível, distinta das células materiais, vinculando as partes seccionadas mediante cirurgia ao que antes havia sido um único organismo vivo. Todo esse trabalho de pesquisa exigia um suprimento prodigioso de carne humana recém-chacinada – esse foi o motivo de Herbert West para entrar na Grande Guerra.

O fato espectral, indescritível, ocorreu à meia-noite do final de março de 1915, num hospital de campo atrás das linhas, em St. Eloi. Fico imaginando, mesmo agora, se isso não teria sido um sonho demoníaco provocado pelo delírio. West tinha um laboratório particular numa sala do lado leste do edifício em forma de galpão, que ele solicitara e lhe fora concedido, para descobrir métodos novos e radicais no tratamento de casos, até então desesperados, de mutilação. Ali, ele trabalhava como um açougueiro em meio a seus ensanguentados produtos – nunca fui capaz de me acostumar com a leviandade dele ao manusear e classificar certas coisas.

Às vezes, ele de fato realizava prodígios de cirurgia em soldados, mas seu deleite todo especial era de um tipo menos público e filantrópico, exigindo muitas explicações dos sons que pareciam estranhos mesmo no meio daquela babel de malditos. Entre esses sons, ouviam-se frequentemente tiros de revólver – por certo, nada incomuns num campo de batalha, mas claramente incomuns num hospital. Os espécimes reanimados do Dr. West não se destinavam a uma existência prolongada ou ao grande público. Além do tecido humano, West usava boa parte do embrião de réptil que havia cultivado com resultados tão singulares. Era melhor do que material humano para conservar a vida em fragmentos sem órgãos, e essa era agora a principal atividade do meu amigo. Num canto escuro do laboratório, sobre um estranho aquecedor de incubadora, ele mantinha um grande tonel coberto, cheio da matéria celular desse réptil, que se multiplicava e crescia túrgida e repulsiva.

Na noite a que me refiro, tínhamos um espécime novo e esplêndido – um homem ao mesmo tempo fisicamente poderoso e com mentalidade tão elevada que tínhamos garantido um sistema nervoso sensível. Era uma situação muito irônica, pois se tratava do oficial que havia ajudado West a conseguir sua patente e que agora estava para se tornar nosso parceiro. Mais ainda: no passado, ele havia estudado às escondidas a teoria da reanimação, assim como West. O major Sir Eric Moreland Clapham-Lee, o maior cirurgião da nossa divisão, havia sido destacado às pressas para o setor de St. Eloi quando as notícias de uma luta encarniçada chegaram ao quartel-general.

Ele chegara num avião pilotado pelo intrépido Ronald Hill apenas para ser baleado quando estava a ponto de cumprir seu destino. A queda havia sido espetacular e terrível. Hill ficou irreconhecível. Os destroços revelaram o grande cirurgião quase decapitado, mas com o resto do corpo praticamente intacto.

West recolhera avidamente a coisa inerte que um dia fora seu amigo e colega de profissão, e eu estremeci quando ele separou a cabeça, colocou-a em seu diabólico tonel com o flácido tecido de réptil para preservá-lo, visando futuros experimentos. Em seguida, começou a lidar com o corpo decapitado na mesa de cirurgias. Injetou-lhe sangue novo, costurou certas veias, artérias e nervos no pescoço e fechou a horrível abertura com pele enxertada de um espécime não identificado que vestia uniforme de oficial. Eu compreendia sua intenção – verificar se aquele corpo todo organizado poderia exibir, sem a cabeça, algum dos sinais de vida mental que haviam distinguido Sir Eric Moreland Clapham-Lee. Antes um estudioso da reanimação, aquele tronco inerte era agora repulsivamente convocado a comprová-la.

Ainda posso ver Herbert West debaixo da sinistra luz elétrica enquanto injetava sua solução reanimadora no braço do corpo decapitado. A cena, não consigo descrever; desmaiaria se tentasse, porque a loucura impera num ambiente repleto de coisas sepulcrais, classificadas, com sangue e fragmentos humanos sobre o piso escorregadio batendo quase no tornozelo. A um canto distante, mergulhado em trevas, repugnantes aberrações répteis cresciam, borbulhavam e cozinhavam sobre o espectro bruxuleante verde-azulado de uma chama pálida.

O espécime, como West seguidas vezes observara, tinha um esplêndido sistema nervoso. Esperava-se muito dele. À medida que começaram a se manifestar alguns movimentos de contração, pude observar a concentração febril no rosto de West. Ele estava pronto, acredito, para ver a prova de sua opinião, cada vez mais forte, de que consciência, razão e personalidade podem existir independentemente do cérebro; de que o homem não tem espírito central integrador, sendo apenas uma máquina de matéria nervosa, com cada seção mais ou menos completa em si mesma.

Numa demonstração triunfal, West estava prestes a relegar o mistério da vida à categoria de mito. O corpo agora se contorcia com maior vigor e, debaixo de nossos olhos atentos, começou a se erguer de maneira assustadora. Os braços esticaram-se nervosamente, as pernas levantaram-se e vários músculos se contraíram numa espécie repulsiva de convulsão. A coisa decapitada estendeu então os braços num gesto inconfundível de desespero – um desespero inteligente, claro o bastante para comprovar cada tese de Herbert West. Com certeza, os nervos estavam recordando o último ato do homem em vida, a luta para escapar do avião caindo.

O que aconteceu em seguida, jamais saberei ao certo. Tudo pode ter sido uma alucinação resultante do choque provocado, naquele momento, pela destruição súbita e total do edifício num cataclismo de bombardeio alemão. Quem poderá negar, já que West e eu fomos os únicos sobreviventes? West gostava de pensar assim antes de seu recente desaparecimento, mas houve momentos em que não podia; pois era curioso que nós dois tivéssemos tido a mesma alucinação. A ocorrência abominável em si foi muito simples, notável apenas pelas suas implicações.

O corpo sobre a mesa havia se erguido agitando os braços às cegas e havíamos escutado um som. Eu não chamaria aquele som de voz, pois seria pavoroso demais. No entanto, seu timbre não foi o mais horrível. E tampouco a mensagem. Ele apenas gritou: "Salte, Ronald, pelo amor de Deus, salte!". Mais pavorosa foi sua origem.

Porque o som veio do grande tonel coberto, naquele canto infernal de trevas rastejantes.

Foi uma tarefa repulsiva a que empreendemos ao lúgubre raiar da madrugada, apesar de nos faltar, na época, o particular horror de cemitérios que experiências posteriores nos trouxeram.

VI
AS LEGIÕES SEPULCRAIS

Quando o Dr. Herbert West desapareceu, um ano atrás, a polícia de Boston me interrogou com rigor. Suspeitavam que eu estivesse escondendo alguma coisa e talvez suspeitassem de coisas mais graves, mas eu não podia contar a verdade, porque não acreditariam. De fato, eles sabiam que West estivera ligado a atividades que contrariavam o senso comum, pois seus repugnantes experimentos na reanimação de mortos haviam durado tempo demais e sido amplos demais para permanecerem em total segredo. Mas a catástrofe final, de abalar a alma, continha elementos de uma fantasia tão alucinante que até eu cheguei a duvidar da realidade do que vi.

Eu era o amigo mais chegado e o confidente único de West, como seu assistente desde os anos passados na Faculdade de Medicina, tendo compartilhado com ele desde a primeira das suas terríveis experiências. O aperfeiçoamento da fórmula que iria injetar nas veias do recém-falecido, para restaurar a vida, era trabalho que exigia abundância de defuntos frescos. Portanto, envolvia ações as mais desnaturadas. Mais chocantes ainda eram os produtos dos experimentos – massas acinzentadas de carne que estivera morta, mas havia sido despertada por West, virando animações cegas, descerebradas, nauseabundas. Tais eram os resultados habituais, pois, para redespertar a mente, era preciso dispor de espécimes tão absolutamente frescos que nenhuma deterioração poderia ter afetado as delicadas células cerebrais.

Tal necessidade de corpos recém-falecidos tinha sido o descaminho moral de West. Eles eram difíceis de conseguir; daí West tratar de garantir seu espécime enquanto ele ainda se encontrava vivo e vigoroso. Uma luta, uma agulha e um poderoso alcaloide o haviam transformado no mais fresco dos cadáveres. Por um breve e memorável instante, o experimento tinha sido um sucesso. Mas West emergiu disso com a alma dessensibilizada, os olhos endurecidos que miravam com certa ponderação calculada e hedionda para homens de mentes particularmente sensíveis e físico especialmente vigoroso. Por fim, até eu fiquei bastante apavorado com West, que começou a me olhar desse mesmo jeito. As pessoas pareciam não notar suas olhadelas, mas perceberam meu temor e, depois que ele desapareceu, passaram a usar isso como base para suspeitas absurdas.

Na verdade, West estava com mais medo do que eu, porque sua buscas abomináveis implicavam uma vida furtiva e de pavor ante qualquer sombra. Em parte, ele temia a polícia, mas, às vezes, seu nervosismo era mais profundo e nebuloso, tocando certas coisas indescritíveis nas quais ele havia injetado uma vida mórbida, mas das quais ele não tinha visto a vida sair.

Habitualmente, ele encerrava suas experiências com um revólver, mas em certas ocasiões ele não tinha sido suficientemente rápido. Havia aquele primeiro espécime, em cujo túmulo revirado foram vistas, depois, marcas de garras. Houve também aquele corpo do professor em Arkham, que praticou atos canibalescos antes de ser capturado e internado sem identificação numa jaula de louco em Sefton, onde bateu a cabeça nas paredes por dezesseis anos seguidos. Mais ainda do que outros resultados possivelmente vivos, há coisas menos fáceis de dizer, porque, nos últimos anos, o zelo científico de West havia degenerado em mania doente e fantástica e ele tinha gastado suas melhores habilidades na vitalização não de corpos humanos inteiros, mas, sim, em partes isoladas de corpos, ou partes juntadas a matéria orgânica não humana. Aquilo tinha se tornado diabolicamente nojento na época em que ele desapareceu. Muitos dos experimentos não poderiam sequer ser sugeridas em alguma publicação. A Grande Guerra, na qual ambos havíamos servido como cirurgiões, tinha intensificado esse lado de West.

Quando digo que West tinha um medo nebuloso de seus espécimes, tenho em mente, em especial, a complexidade de sua natureza. Parte dele vinha diretamente de saber da existência daqueles monstros inomináveis, enquanto a outra resultava da apreensão com os danos corporais que eles poderiam lhe infligir em certas circunstâncias. Seu desaparecimento só fazia aumentar o horror da situação – de todos eles, West conhecia o paradeiro de apenas um, a lamentável coisa encerrada no hospício.

Havia também um medo mais sutil – uma sensação fantástica resultante daquele curioso experimento no exército em 1915. No meio de uma dura batalha, West havia reanimado o major Sir Eric Moreland Clapham-Lee, oficial condecorado, um colega médico que conhecia seus experimentos e poderia reproduzi-los. A cabeça fora removida para investigação sobre a possibilidade de haver no tronco alguma vida quase inteligente. No exato momento em que o edifício estava sendo arrasado por um obus alemão, um sucesso aconteceu. O tronco se havia movido com inteligência e, por incrível que pareça, ficamos ambos doentiamente seguros de que haviam saído sons articulados da cabeça seccionada que fora posta num canto escuro do laboratório. A bomba, de certa forma, havia sido piedosa – mas West jamais conseguiu se sentir seguro de que fôssemos os únicos sobreviventes. Costumava fazer tenebrosas conjecturas sobre os possíveis atos de um médico sem cabeça com poder de reanimar os mortos.

O último domicílio de West foi uma bela e muito elegante casa com vista para um dos mais antigos cemitérios de Boston. Ele havia escolhido o lugar por razões puramente simbólicas e fantasticamente estéticas, pois a maioria dos sepultados era do período colonial – de pouca utilidade, portanto, para um cientista à procura de falecidos recentes. O laboratório ficava num subporão construído em segredo por trabalhadores trazidos de fora e continha um enorme incinerador para eliminação silenciosa e completa dos corpos, ou dos fragmentos e imitações sintéticas de corpos que poderiam sobrar dos mórbidos experimentos e ignóbeis diversões do proprietário.

Durante a escavação do porão, os trabalhadores haviam dado de frente com uma parede de pedra muitíssimo antiga, por certo relacionada ao velho cemitério, mas a uma profundidade grande demais para corresponder a algum túmulo daquele período. Depois de muitos cálculos, West concluiu que se tratava de uma câmara secreta abaixo do túmulo dos Averill, cujo último sepultamento fora feito em 1768. Eu estava em sua companhia enquanto ele estudava a parede salitrosa e gotejante desnudada pelas pás e pelos enxadões dos operários. Portanto, estava preparado para o palpitante horror que acompanharia a descoberta de segredos sepulcrais seculares. Contudo, pela primeira vez, uma timidez desconhecida em West venceu sua natural curiosidade e ele traiu o fraquejar de sua fibra, ordenando que a parede fosse deixada intacta e rebocada.

Assim ela permaneceu, até aquele derradeira noite infernal, como parte das paredes do laboratório secreto. Falo da decadência de West, mas devo acrescentar que se tratava de algo puramente mental e intangível. Por fora, ele foi o mesmo até o fim — calmo, frio, esguio e loiro, olhos azuis por trás dos óculos e a aparência geral de juventude que anos e pavores jamais conseguiram alterar. Ele parecia calmo mesmo quando se lembrava daquele túmulo arranhado e olhava por cima dos ombros; mesmo quando se lembrava da coisa carnívora que roía e escarvava as barras do manicômio de Sefton.

O fim de Herbert West começou certa noite de nossos estudos conjuntos quando ele divida seu olhar curioso entre mim e o jornal. Uma curiosa manchete havia atraído sua atenção para as páginas amarrotadas e uma garra inominável e titânica parecia esticar-se através de dezesseis anos. Uma coisa incrível e assustadora havia acontecido no Hospício de Sefton, a 80 quilômetros de distância, estarrecendo a vizinhança e confundindo a polícia.

Nas primeiras horas da madrugada, um grupo de homens silenciosos entrou na área e seu chefe despertou os atendentes. Era um militar ameaçador, que falava sem mover os lábios e cuja voz parecia relacionar-se como a de um ventríloquo com a enorme caixa preta que ele carregava. Seu rosto impassível era bonito, de uma beleza radiante, mas havia chocado o superintendente quando a luz do vestíbulo caiu sobre ele — era um rosto de cera com olhos de vidro pintado. Algum acidente terrível acontecera àquele homem. Um homem maior guiava seus passos, um brutamontes repelente, cuja face azulada parecia corroída por algum mal desconhecido.

O falante solicitou a custódia do monstro canibal enviado de Arkham dezesseis anos antes e, diante da recusa, deu o sinal que precipitou um pavoroso tumulto. Os demônios surraram, pisotearam e morderam todos os atendentes que não fugiram, matando quatro e conseguindo, enfim, a libertação do monstro. As vítimas que conseguiram recordar o acontecimento sem histeria juraram que as criaturas agiram menos como homens do que como inimagináveis autômatos guiados pelo chefe com cara de cera. Quando conseguiram ajuda, os homens e os vestígios de seu ataque insano haviam desaparecido sem deixar traços.

Do momento em que leu essa notícia até a meia-noite, West ficou sentado, praticamente paralisado. À meia-noite, a campainha da porta soou, fazendo-o saltar apavorado. Todos os criados dormiam no sótão; por isso, atendi à campainha. Conforme relatei à polícia, não havia nenhum carro na rua, apenas um grupo de figuras de aparência estranha, carregando uma grande caixa quadrada que pousaram na entrada depois de um deles grunhir com voz muito estranha: "Expresso, frete pago!".

Eles saíram em fila da casa, num andar desengonçado. Ao observá-los à medida que se afastavam, tive a estranha impressão de eles rumarem para o antigo cemitério, que ficava nos fundos da casa. Depois que fechei a porta, West desceu a escada e olhou para a caixa. Ela media cerca de 1 metro quadrado e trazia o nome e o endereço atuais corretos de West. Tinha também a inscrição: "De Eric Moreland Clapham-Lee, St. Eloi, Flandres". Seis anos antes, em Flandres, um hospital bombardeado havia desmoronado sobre o tronco reanimado e sem cabeça do Dr. Clapham-Lee, caindo também sobre a cabeça separada, que talvez tivesse emitido sons articulados.

West não ficou nem mesmo excitado na hora. Sua condição era mais terrível. Rapidamente, disse: "É o desfecho. Mas vamos incinerar... isso". Carregamos a coisa para o laboratório – de ouvidos atentos. Não me lembro de muitos detalhes – imagine meu estado mental –, mas é mentira deslavada dizer que o corpo de Herbert West é que foi colocado no incinerador. Nós dois introduzimos toda a caixa de madeira, sem abri-la, fechamos a porta e ligamos a eletricidade. Nenhum som saiu da caixa afinal.

Foi West quem primeiro notou o reboco caindo naquela parte da parede onde a alvenaria do antigo túmulo havia sido revestida. Eu queria sair correndo, mas ele me conteve. Depois, vi uma pequena abertura escura, senti um sopro gelado e diabólico e o cheiro de entranhas sepulcrais de uma terra corrompida. Não se ouvia som algum, mas naquele momento as luzes se apagaram e eu vi, delineada contra certa fosforescência espectral, uma horda de coisas silenciosas avançando com dificuldade que somente a insânia – ou algo pior – poderia criar. Seus contornos eram humanos, semi-humanos, quase-humanos e completamente não humanos – a horda era grotescamente heterogênea. Elas estavam removendo as pedras em silêncio, uma a uma, da parede centenária. Então, quando a brecha ficou grande o bastante, entraram no laboratório em fila indiana, lideradas por uma coisa imponente com uma bela cabeça de cera.

Uma espécie de monstruosidade de olhar alucinado que vinha atrás do líder agarrou Herbert West, que não resistiu nem emitiu som. Depois, todos saltaram sobre ele e o despedaçaram diante dos meus olhos, levando seus pedaços para aquela cripta subterrânea de fabulosas abominações. A cabeça de West foi levada pelo líder, que usava uniforme de oficial canadense. Enquanto ele desaparecia, notei que os olhos azuis por trás dos óculos brilhavam odiosamente em sua primeira demonstração de frenética e visível emoção.

Os criados me encontraram inconsciente pela manhã. West se fora. O incinerador continha apenas cinzas não identificáveis. Detetives me interrogaram, mas o que eu podia dizer? A tragédia de Sefton, eles jamais relacionarão a West; nem ela, nem os homens com a caixa, cuja existência eles negam. Contei-lhes sobre a cripta, mas eles apontaram para o reboco intacto da parede e riram. Então, não lhes contei mais nada. Acham que sou louco ou assassino — provavelmente estou louco. Mas poderia não estar, bastava que aquelas malditas legiões sepulcrais não tivessem sido tão silenciosas.

NOTAS

* Esta tradução foi realizada a partir do texto original em inglês (acessível em www.hplovecraft.com/writings/texts/fiction/hwr.aspx). Poucas alterações foram feitas, a fim de adequar alguns termos à realidade atual, mas com todo o cuidado, para que nada viesse a atrapalhar a leitura ou desvirtuar o pensamento do autor. Porque o texto foi publicado em série na revista *Home Brew* de fevereiro a julho de 1922, Lovecraft fazia breves resumos dos eventos passados para acompanhamento dos leitores a cada novo capítulo.

1- Haeckel: Ernst Haeckel (1834-1919), zoólogo, naturalista, filósofo, médico, professor de anatomia e artista ilustrador alemão importante para a história recente da biologia e a teoria da evolução, tendo sido um divulgador da teoria de Charles Darwin e grande expoente do cientificismo positivista. Seu trabalho mais famoso diz respeito a radiolários, organismos do plâncton oceânico, dos quais deixou magníficos desenhos. Muitos conceitos e termos atuais da biologia foram elaborados por ele, como filogenia e ecologia. Na ânsia de demonstrar suas teorias, admitiu ter fraudado desenhos e foi processado por isso.

2- Éblis: denominação de Satã no Alcorão.

3- Leis suntuárias: surgiram partir de 200 a.C., visando proteger os interesses hierárquicos da pirâmide social. Restringiam, por exemplo, o número de convidados em um banquete, a quantidade de ouro que a pessoa podia possuir e determinavam a vestimenta de cada um de acordo com sua situação econômica. Eram normas que valiam apenas para aqueles que podiam "ameaçar" as classes altas.

4- Tártaro: na mitologia grega, personificação do Mundo Inferior, como Gaia personifica a Terra e Urano personifica o Céu. Para os romanos, local para onde eram enviados os pecadores. É a camada mais profunda do inferno, residência das almas mais cruéis, sem esperança de poder pagar pelos males que fizeram

5- Baudelaire: o poeta, teórico e crítico francês Charles Baudelaire (1821-1867), conhecido como o pai do Simbolismo, tendo sido precursor do movimento simbolista na França e considerado também fundador da poesia moderna. Sua obra principal, *Flores do mal* (1857), foi censurada após a publicação; o autor pagou multa, condenado por subversão e ofensa à moral pública, Por vários anos, o livro foi publicado sem os seis poemas considerados "ultrajantes".

6- Heliogábalo: Varius Avitus Bassianus (203-222), da dinastia Severa, recebeu, depois da morte, o nome da divindade síria Heliogábalo ("deus da montanha"), do qual fora sacerdote por sua mãe ser síria e originária do local de adoração desse deus. Adotou o nome Marco Aurélio Antonino quando se tornou imperador em Roma. Assumiu o poder com 14 anos e conduziu um reinado caótico de desrespeito às tradições religiosas romanas e promiscuidade explícita, quando, em bacanais, ele se prostituía com roupas de mulher. Daí o apodo "Imperador Travesti". Acabou assassinado, sendo substituído por um primo, Alexandre Severo, último dessa dinastia.

SOBRE O CONTO

O médico Herbert West, que pesquisa uma fórmula para ressuscitar os mortos, primeiro animais e depois seres humanos, tornou-se um dos mais populares personagens criados por H.P. Lovecraft, graças a sua transposição para as telas do cinema e outras mídias.

O conto, escrito entre outubro de 1921 e junho de 1922, foi serializado e publicado de fevereiro a julho de 1922 na revista *Home Brew*. Nele, há a primeira aparição da Universidade de Miskatonic, inventada pelo autor, e também uma das primeiras descrições de zumbis como cadáveres reanimados cientificamente, com reações incontroláveis e bestiais.

Em 1942, a revista *Weird Tales* republicou a série. Nas cartas que deixou, Lovecraft confessa que escreveu este conto como uma paródia do *Frankenstein* de Mary Shelley (1797–1851), publicado em 1818. Por outro lado, mostra-se descontente com o resultado da serialização, por ser obrigado a criar "ganchos" no final de cada capítulo, para incentivar os leitores a seguir o texto nos números subsequentes da revista.

Em 1985, surgiu o primeiro filme, em formato de documentário, que, no Brasil, recebeu o título de *Re-Animator: A Hora dos Mortos-Vivos*. Dirigido por Stuart Gordon, esse título, de grande sucesso, deu origem a duas sequências: *A noiva do reanimador* (*Bride of Re-Animator*), de 1991, e *Reanimador, fase terminal* (*Beyond the Re-Animator*), de 2003, ambos sob a direção de Brian Yuzna, que havia trabalhado na produção do primeiro da série.

Além de versões literárias e em quadrinhos, Herbert West continua inspirando cineastas, *gamers* e *videomakers*; em 2017, por exemplo, o diretor italiano Ivan Zuccon lançou uma nova adaptação do conto para as telas.

O DIÁRIO DE ALONZO TYPER

H.P. LOVECRAFT em parceria com William Lumley

NOTA DO EDITOR

Alonzo Hasbrouck Typer, de Kingston, estado de Nova York, foi visto e reconhecido pela última vez em 17 de abril de 1908, por volta do meio-dia, no Hotel Richmond, em Batávia, Illinois (EUA). Era o último sobrevivente de uma antiga família do Condado de Ulster, estado de Nova York, e tinha 53 anos na época de seu desaparecimento.

Typer foi educado em casa e frequentou as universidades de Colúmbia, nos EUA, e de Heidelberg, na Alemanha. Viveu toda a vida como estudioso. O campo de suas pesquisas incluía muitas áreas das fronteiras obscuras e em geral temidas do conhecimento humano. Seus artigos sobre vampirismo, mortos-vivos, *ghouls* e fenômenos *poltergeist* foram impressos pelo próprio autor após serem rejeitados por diversos editores. Ele se retirou da Sociedade de Pesquisa Psíquica em 1902, após uma série de controvérsias particularmente amargas.

Em vários momentos, Typer viajou longamente, às vezes saindo de cena por largos períodos. Sabe-se que visitou lugares tenebrosos em países como Nepal, Índia, Tibete e Indochina, tendo passado a maior parte de 1899 na misteriosa Ilha de Páscoa. As extensas buscas por Typer após seu desaparecimento, não produziram resultados. Assim, sua propriedade foi dividida entre primos distantes em Nova York.

O diário aqui apresentado teria sido encontrado nas ruínas de uma grande casa de campo perto de Attica (NY), cuja sinistra reputação atravessou várias gerações antes de seu colapso. A construção era muito antiga, anterior ao assentamento geral de moradores na região, e fora o lar de uma estranha e reclusa família de nome Van der Heyl, que havia migrado de Albany em 1746 sob suspeita de feitiçaria. A estrutura da casa datava provavelmente dos anos 1760.

Da história dos Van der Heyl, pouco se sabe. Eles permaneciam totalmente afastados de seus vizinhos, empregavam criados negros trazidos diretamente da África que quase não falavam inglês, educavam seus filhos em casa e, depois, os mandavam para faculdades europeias. Os que tinham partido mundo afora não demoraram a sumir, não sem antes angariar má reputação por associação com grupos de missas negras e cultos ainda mais sombrios.

Ao redor da temida casa, surgiu uma aldeia dispersa, povoada por índios e depois por renegados do país vizinho, que tinha o nome duvidoso de Chorazin. Sobre as singulares características hereditárias que depois apareceram na linhagem dos aldeões, mestiços de Chorazin, várias monografias foram escritas por etnólogos.

Logo atrás da aldeia, e à vista da casa de Van der Heyl, há uma colina íngreme, coroada com um anel de pedras antigas que os índios iroqueses consideravam com medo e aversão. A origem e a natureza daquelas pedras devem ser fabulosamente velhas, segundo evidências arqueológicas e climáticas, mas sua datação ainda é um problema não resolvido. A partir de 1795, as lendas dos pioneiros e da população posterior têm muito a ver com estranhos gritos e cantos que, em certas épocas, vinham de Chorazin, do casarão e da colina das pedras eretas. No entanto, há razão para crer que os ruídos cessaram por volta de 1872, quando a família Van der Heyl, com seus servos e tudo o mais, desapareceu de repente. E todos ao mesmo tempo.

Daí em diante, ocorreram alguns eventos desastrosos na casa desertada – incluindo três mortes inexplicáveis, cinco desaparecimentos e quatro casos de insanidade repentina –, registrados sempre que proprietários posteriores e visitantes interessados tentaram permanecer nela. A casa, a aldeia e as extensas áreas rurais circundantes reverteram para o Estado e foram leiloadas, dada a ausência de herdeiros dos Van der Heyl. Desde 1890, os novos proprietários (sucessivamente o falecido Charles A. Shields e seu filho Oscar S. Shields, de Buffalo) deixaram a propriedade em estado de total abandono e alertaram os interessados para que não visitassem a região.

Os que se aproximaram da casa, ao longo dos últimos quarenta anos, eram, em maioria, estudiosos de ciências ocultas, policiais, jornalistas e estranhos personagens vindos do exterior. Entre estes últimos, estava um misterioso eurasiano, provavelmente da Cochinchina, que, tendo reaparecido depois desmemoriado e com estranhas mutilações excitou a imprensa e rendeu ampla divulgação em 1903.

O diário de Typer – um livro de aproximadamente 8,89 cm por 15,24 cm, com miolo em papel grosso e encadernação bastante firme, feita com uma chapa fina de metal – foi descoberto em poder de um dos aldeões decadentes de Chorazin em 16 de novembro de 1935. Missão cumprida por um oficial da polícia do estado, enviado para investigar o rumoroso desmoronamento da mansão desertada dos Van der Heyl. A casa caíra de fato, óbvia e puramente devido à idade e à decrepitude, no grande vendaval de 12 de novembro. A desintegração fora total, tendo sido impossível fazer buscas minuciosas nas ruínas por várias semanas. John Eagle, um moreno de cara simiesca e traços indígenas que estava com o diário, disse ter encontrado o livro bem perto da superfície dos destroços, no que deve ter sido um cômodo da frente do andar superior.

Muito pouco do conteúdo da casa foi identificado, embora uma enorme e espantosa cripta de tijolos, sólida e abobadada, localizada no porão, tivesse permanecido intacta e apresentasse vários detalhes intrigantes – isso porque a antiga porta de ferro estava trancada e precisaria ser explodida, pois sua fechadura, decorada com figuras estranhas, era perversamente resistente. Por um lado, as paredes estavam cobertas com hieróglifos ainda indecifrados, gravados de forma grosseira na alvenaria. Outra peculiaridade era uma enorme abertura circular na parte de trás da cripta, bloqueada por um desmoronamento evidentemente causado pelo colapso da casa.

Mas o mais estranho de tudo foi a presença de uma substância fétida, pegajosa e negra como breu, que parecia recente, estendendo-se no chão de ladrilho numa linha irregular e larga, com uma extremidade na abertura circular bloqueada. O pessoal que primeiro abriu a cripta declarou que o lugar tinha o cheiro de uma toca de serpentes num zoológico.

O diário, aparentemente projetado apenas para cobrir uma investigação da temida casa Van der Heyl pelo desaparecido senhor Typer, foi considerado autêntico por especialistas em caligrafia. O texto dá mostras de tensão nervosa crescente à medida que avança para o fim, havendo passagens quase ilegíveis. Os moradores de Chorazin – estúpidos e taciturnos a ponto de desconcertar todos os estudiosos da região e de seus segredos – dizem não ter nenhuma lembrança de Typer, nada que o distinguisse de outros visitantes da temida casa.

O texto do diário é aqui reproduzido literalmente e sem comentários. Como interpretá-lo para além da loucura do autor e tirar dele alguma conclusão? Que isso fique a cargo do leitor. Só o futuro poderá dizer qual é o seu valor na solução de um mistério antigo. Deve-se notar que os genealogistas confirmam a rememoração tardia de Typer em relação a Adriaen Sleght.

Estou consciente de várias presenças nesta casa. Uma em particular é decididamente hostil para comigo - é uma entidade malévola que está tentando quebrar minha força e me dominar. Eu não devo encorajar isso por um instante sequer, mas usar toda a minha obstinação para resistir. É algo terrivelmente maligno e definitivamente não humano.

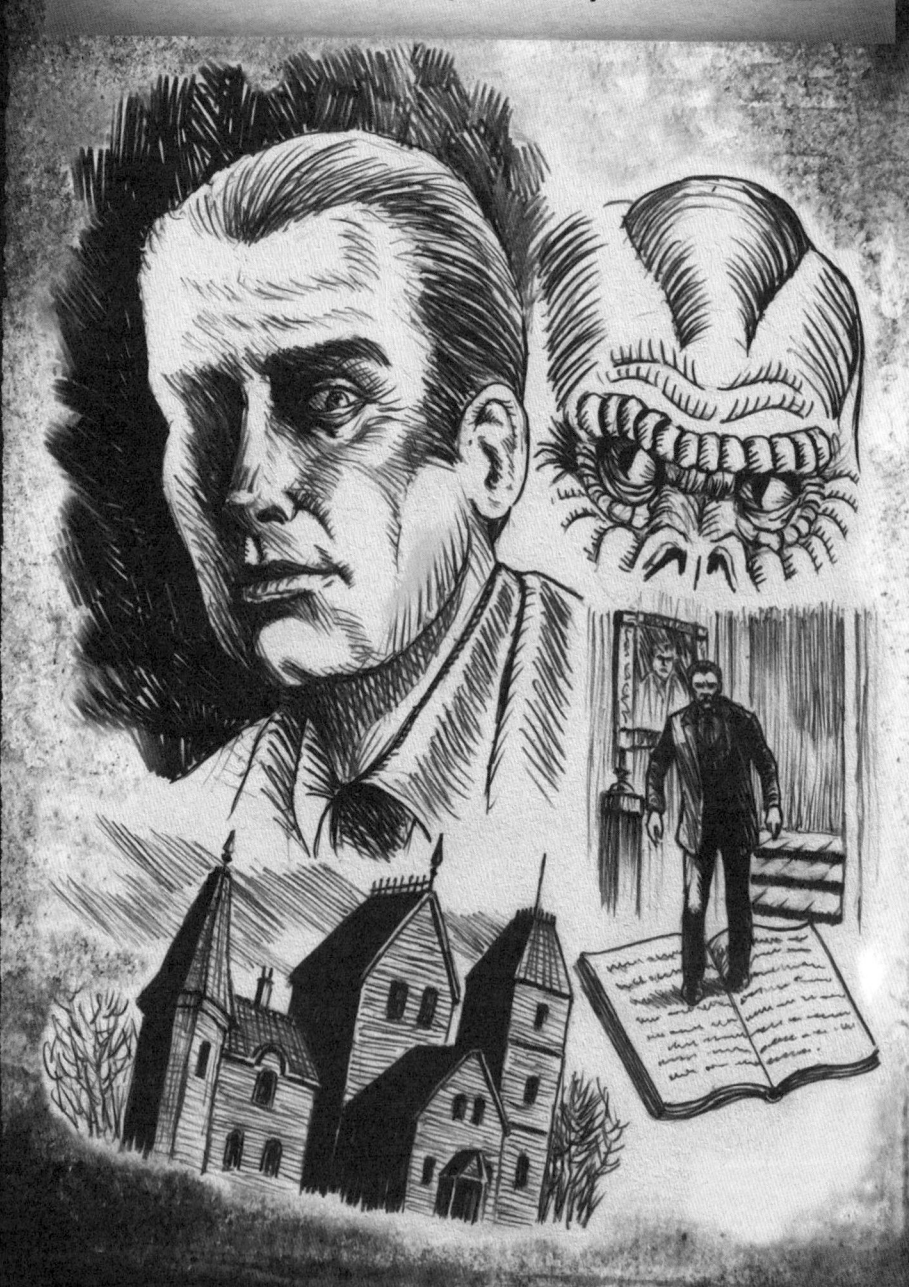

O DIÁRIO

17 de abril de 1908

Cheguei aqui por volta das 18h00. Tive que vir de Attica a pé por todo o caminho, apesar de uma tempestade se aproximava, pois ninguém me alugou um cavalo ou uma carroça, e eu não posso dirigir automóvel. Este lugar é ainda pior do que eu esperava, e temo o que está por vir, apesar de, ao mesmo tempo, desejar descobrir o segredo. Em breve, a noite vai cair – o velho horror do Sabá de Valpúrgis(1) – e, após essa hora, eu sei o que procurar no País de Gales. Venha o que vier, não vou recuar. Levado por um impulso insondável, dediquei toda minha vida à busca de mistérios profanos. Vim aqui por nada além disso e não vou lutar contra o destino.

Estava muito escuro quando cheguei, embora o sol ainda não tivesse desaparecido. As nuvens tempestuosas eram as mais densas já vistas, e eu não teria encontrado meu caminho não fosse pelos relâmpagos. A aldeia é um pequeno remanso odioso e seus poucos habitantes não passam de idiotas. Um deles me cumprimentou de modo esquisito, como se me conhecesse. Eu não conseguia ver muita coisa da paisagem – apenas um vale pequeno e pantanoso, com estranhos caules de mato marrons e fungos mortos cercados por maléficas árvores retorcidas e de galhos nus. Mas, por trás da aldeia, há uma colina de aparência sombria, em cujo cume se encontra um círculo de grandes pedras eretas, com outra pedra no centro. Isso, sem dúvida, foi a primeira coisa repulsiva que V... me contou no ritual pagão de N...

A grande casa fica no meio de um terreno todo coberto por arbustos de aparência curiosa. Mal podia atravessá-lo e, quando consegui, a velhice e decrepitude do prédio quase me impediram de entrar. O lugar era sujo e infecto e eu ponderei sobre como uma construção tão arruinada poderia estar de pé. É feita de madeira. Apesar de suas linhas estarem ocultas por um emaranhado desconcertante de puxados acrescidos em várias datas, acho que foi originalmente construído conforme a moda colonial da Nova Inglaterra. Provavelmente, deve ter sido mais fácil de construir do que uma casa de pedra holandesa – daí, então, me lembro de que a esposa de Dirck van der Heyl era de Salém, filha do inominável Abaddon Corey.

Havia um pequeno pórtico de pilares, e eu fiquei embaixo quando a tempestade se precipitou. Era um temporal demoníaco, negro como a meia-noite, com lençóis de chuva, trovões e relâmpagos como no Dia do Juízo Final e um vento que realmente me rasgava. A porta estava destrancada; então, tirei minha lanterna e entrei. O pó tinha centímetros de espessura no chão e nos móveis, e o lugar cheirava como um túmulo coberto de bolor. Havia um corredor que se estendia até o fundo e uma escada curva à direita.

Tomei o caminho para o andar de cima e escolhi o quarto da frente para assentar acampamento. O lugar parece totalmente mobiliado, embora a maioria dos móveis esteja caindo aos pedaços. Isso está sendo escrito às oito horas da noite, depois que comi um lanche frio trazido na minha valise. Mais adiante, o pessoal da aldeia vai me trazer suprimentos – apesar de não aceitarem chegar além das ruínas do portão do terreno (como dizem) "mais tarde". Gostaria de me livrar de uma desagradável sensação de familiaridade com este lugar.

Mais tarde

Estou consciente de várias presenças nesta casa. Uma em particular é decididamente hostil para comigo – é uma vontade malévola que está tentando quebrar a minha força e me dominar. Eu não devo encorajar isso por um instante sequer, mas usar toda a minha obstinação para resistir. É algo terrivelmente maligno e definitivamente não humano. Acho que deve ser aliada de poderes de fora da terra – poderes presentes nos espaços ocultos no tempo e além do universo. Ela se eleva como um colosso, sustentando o que é dito nos escritos de Aklo(2). Há uma poderosa sensação de seu tamanho enorme, e eu me pergunto se esses aposentos podem conter sua massa. E, no entanto, ela não tem forma visível. Sua idade deve ser chocante, inexplicável, incrivelmente infindável.

18 de abril

Dormi pouquíssimo na noite passada. Às 3 horas da madrugada, um vento estranho e rastejante começou a invadir toda a região – subindo até fazer a casa balançar como se estivesse no olho de um furacão. Quando desci a escada para examinar a porta da frente, a escuridão ganhou formas quase visíveis em minha imaginação. Logo abaixo do patamar, fui empurrado violentamente por trás – pelo vento, suponho, embora possa jurar que vi os contornos dissolventes de uma garra negra gigantesca quando me virei de repente. Não perdi o equilíbrio; terminei a descida com segurança e destravei o pesado ferrolho da porta perigosamente trêmula.

Não pretendia explorar a casa até o amanhecer, mas agora, incapaz de dormir de novo, num misto de terror e curiosidade, relutei em adiar minha busca. Munido de minha poderosa lanterna, atravessei a poeira até o grande salão sul, onde eu sabia que estariam os retratos. E lá estavam eles, como V... me havia dito e como eu também parecia pressentir de algum modo obscuro. Algumas imagens estavam tão enegrecidas, mofadas e empoeiradas que de pouco ou nada me serviriam, mas, daquelas que pude identificar, reconheci que eram de fato da odiosa linhagem de Van der Heyl. Algumas das pinturas pareciam sugerir faces que eu conhecia, mas faces das quais eu não conseguia me lembrar.

Os contornos daquele tétrico e híbrido Joris – gerado em 1773 pela filha caçula do velho Dirck – eram o que havia de mais óbvio em tudo e eu podia perceber os olhos verdes e o olhar de serpente em seu rosto. Toda vez que eu desligava a lanterna, aquele rosto parecia brilhar no escuro, até minha imaginação constatar que brilhava com uma leve fosforescência esverdeada. Quanto mais eu olhava, pior me parecia e me virei para evitar alucinações com mudanças de expressão facial.

Mas ocorre que me voltei para algo ainda pior. O rosto comprido e sisudo, os olhos pequenos e bem definidos e as feições semelhantes às de um suíno o identificaram imediatamente- ainda que o artista tivesse se esforçado para fazer o focinho parecer o mais humano possível. Era isso que V... me havia sussurrado. Enquanto olhava, cheio de horror, achei que os olhos adquiriram um brilho avermelhado e, por um momento, o fundo pareceu substituído por uma cena estranha e aparentemente irrelevante: um solitário e sombrio pântano sob um céu amarelo sujo, no qual crescia um espinheiro negro de aparência miserável. Temendo pela minha saúde mental, corri daquela galeria amaldiçoada para o canto livre de poeira no andar de cima, onde fiz meu "acampamento".

Mais tarde
Decidi explorar algumas das labirínticas alas da casa à luz do dia. Não posso me perder, pois minhas pegadas são distintas na poeira, que está na altura do tornozelo – e posso rastrear outras marcas de identificação quando necessário. É curioso como aprendo facilmente as intrincadas dobras dos corredores. Segui um longo caminho para o extremo norte e cheguei a uma porta trancada, que forcei. Adiante, havia uma sala muito pequena, cheia de móveis cujo revestimento estava carcomido por vermes. Na parede externa, avistei um espaço negro atrás da madeira podre

e descobri uma estreita passagem secreta, que levava a desconhecidas profundezas escuras. Era uma rampa ou túnel com inclinação íngreme, sem degraus ou corrimãos e me perguntei qual teria sido seu uso.

Acima da lareira, estava uma pintura mofada, que, quando examinei de perto, descobri ser a de uma jovem com vestimento do final do século XVIII. O rosto era de beleza clássica, mas com uma expressão diabólica mais maligna do que eu jamais vira num semblante humano. Não apenas insensibilidade, ganância e crueldade, mas alguma qualidade hedionda além da compreensão humana parecia assentar sobre aqueles traços finamente esculpidos. Enquanto eu olhava, parecia-me que o artista – ou os processos lentos do mofo e da decadência – havia transmitido àquela pele pálida um aspecto esverdeado doentio e a sugestão de uma textura escamosa quase imperceptível. Mais tarde, subi ao sótão, onde encontrei vários baús de livros estranhos – muitos dos aspectos totalmente estranhos nas letras e na forma física. Em um deles, existiam variantes das fórmulas Aklo, de cuja existência eu não sabia. Ainda não examinei os livros nas prateleiras empoeiradas do andar de baixo.

19 de abril

Certamente há presenças invisíveis aqui, embora a poeira não mostre pegadas, a não ser as minhas. Ontem, cortei caminho através dos arbustos até o portão do terreno, onde meus suprimentos foram deixados. Hoje de manhã, porém, encontrei o caminho fechado. Muito estranho, já que os arbustos dificilmente se mexem com a seiva da primavera. Mais uma vez, tive a sensação de algo tão colossal que os aposentos mal conseguiam conter. Dessa vez, sinto que mais de uma das presenças é de tamanho tão gigantesco que o terceiro ritual de Aklo – encontrado ontem naquele livro do sótão – tornaria esses seres sólidos e visíveis. Se me atrevo a tentar essa materialização, continua a ser algo a considerar. Os perigos são enormes.

Ontem à noite, comecei a vislumbrar sombras e faces evanescentes nos cantos escuros dos corredores e quartos – rostos e formas tão horríveis e repugnantes que não me atrevo a descrevê-los. Eles parecem aliados em substância àquela pata titânica que tentou me empurrar escada abaixo na noite anterior – e, claro, devem ser fantasmas da minha imaginação perturbada. O que estou procurando não seria exatamente como essas coisas. Vi a garra de novo – às vezes sozinha e às vezes com a companheira – mas resolvi ignorar todos esses fenômenos.

No início da tarde, explorei o porão pela primeira vez – descendo por uma escada que encontrei em um depósito, pois os degraus de madeira tinham apodrecido. O lugar todo é uma massa de incrustações nitrosas, com montículos amorfos marcando os pontos onde vários objetos se desintegraram. Na extremidade mais distante, há uma passagem estreita, que parece se estender sob o vão do norte, onde encontrei a pequena sala fechada – e, no final dela, há uma pesada parede de tijolos com uma porta de ferro trancada. Talvez pertencente a algum tipo de cripta, a parede e a porta apresentam evidências de obra do século XVIII e devem ser contemporâneas das mais antigas reformas da casa, claramente Pré-Revolucionárias[3]. Na fechadura – obviamente mais velha do que o resto das ferragens –, estão gravados certos símbolos que não consigo decifrar.

V... não me contou sobre esta cripta. Isso me enche de mais inquietação do que qualquer outra coisa que já vi, pois, toda vez que me aproximo, sinto um impulso quase irresistível de tentar ouvir alguma coisa. Até agora, nenhum som desagradável marcou minha permanência neste lugar sinistro. Quando saí do porão, desejei, com toda a fé, que os degraus ainda estivessem lá – pois meu progresso na escada parecia insanamente lento. Não quero voltar lá de novo – e, no entanto, algum gênio maligno me incentiva a tentar ir à noite se eu quiser aprender o que deve ser aprendido.

20 de abril

Medi as profundezas do horror – apenas para estar ciente de funduras ainda mais penetrantes. Ontem à noite, a tentação era forte demais e, nas negras e pequenas horas, desci mais uma vez à adega infernal com minha lanterna – na ponta dos pés, entre os montes amorfos, até a terrível parede de tijolos e a porta trancada. Não fiz barulho algum e abstive-me de sussurrar qualquer dos encantamentos que conhecia, mas escutei – escutei com furiosa intenção.

Por fim, ouvi os sons que vinham de trás daquelas placas de ferro laminado – um resfolegar ameaçador e um murmúrio, como de coisas noturnas e gigantescas presentes lá dentro. Então, também, houve um detestável som escorregadio, como de uma enorme serpente ou besta do mar arrastando seus coleios monstruosos sobre um piso pavimentado. Quase paralisado de medo, olhei de relance para a enorme fechadura enferrujada e para os hieróglifos misteriosos e enigmáticos esculpidos nela. Eram sinais que eu não conseguia reconhecer, com algo vagamente oriental em sua técnica, o que indicava uma antiguidade blasfema e indescritível. Às vezes, eu imaginava que podia vê-los brilhando com uma luz esverdeada.

Virei-me para fugir, mas encontrei a visão das garras titânicas diante de mim – as grandes garras parecendo inchar e se tornar mais tangíveis enquanto eu olhava. Fora da escuridão maligna do porão, elas se estendiam, com insinuações sombrias de pulsos escamosos acima delas, e com uma crescente vontade maligna a guiar suas horríveis apalpadelas. Então, ouvi atrás de mim – dentro daquela cripta abominável – uma nova explosão de reverberações abafadas, que pareciam ecoar de longe como um trovão distante. Impelido por esse medo maior, avancei em direção às garras sombrias com minha lanterna e as vi desaparecer diante da força total do feixe elétrico. Depois, subi correndo a escada de mão, segurando a lanterna entre os dentes, e não descansei até retornar ao meu "acampamento" do andar de cima.

Qual será o meu fim, não me atrevo a imaginar. Vim como investigador, mas agora sei que algo está me investigando. Eu não poderia sair daqui se quisesse. Hoje de manhã, tentei ir até o portão para pegar minhas coisas, mas encontrei espinheiros retorcidos no meu caminho. Era o mesmo em todas as direções – atrás e em todos os lados da casa. Em alguns lugares, as trepadeiras marrons e farpadas tinham se desdobrado a alturas surpreendentes. Formavam uma cerca de aço contra a minha saída. Os aldeões estão conectados a tudo isso. Quando entrei, encontrei meus suprimentos no grande salão da frente, mas nenhum indício de como chegaram lá. Lamento muito agora, por ter varrido a poeira. Vou espalhar mais um pouco para ver quais impressões são deixadas.

Hoje à tarde, li alguns dos livros na grande biblioteca sombria do fundo do andar térreo e criei certas suspeitas que não posso mencionar. Nunca tinha visto o texto dos *Manuscritos Pnakóticos*(4) ou dos *Fragmentos de Eltdown*(5) e não teria vindo aqui se soubesse o que eles contêm. Creio que agora é tarde demais, pois o terrível Sabá está a apenas dez dias de distância. É para essa noite de horror que eles estão me poupando.

21 de abril

Tenho estudado os retratos novamente. Alguns têm nomes em anexo e notei um – de uma mulher com face malvada, pintada há dois séculos – que me intrigou. Tinha o nome de Trintje van der Heyl Sleght, e tenho a nítida impressão de que já encontrei o nome Sleght antes, em alguma conexão significativa. Não foi horrível então, embora seja agora. Devo insistir e buscar em meu cérebro o vestígio disso.

Os olhos destas fotos me assombram. Será possível que alguns deles estejam emergindo mais distintamente de suas camadas de poeira, decomposição e mofo? Os feiticeiros com cara de serpente e rosto suíno olham horrivelmente para mim em suas molduras enegrecidas, e uma série de outras faces híbridas estão começando a espreitar e emergir de fundos sombrios. Há um aspecto hediondo de semelhança familiar em todos eles – e o que é humano é mais horrível do que o que não humano. Gostaria que eles me lembrassem menos dos outros rostos – rostos que conheci no passado. Eles eram uma linhagem maldita, e Cornelis de Leiden era o pior deles. Foi ele quem quebrou a barreira depois que seu pai encontrou a outra chave. Tenho certeza de que V... conhece apenas um fragmento da horrível verdade, de modo que estou realmente despreparado e indefeso. O que dizer da linhagem antes do velho Claes? O que ele fez em 1591 nunca poderia ter sido feito sem gerações de herança maligna, ou alguma ligação com o exterior. E que ramificação essa linhagem monstruosa gerou? Estarão espalhados pelo mundo, todos aguardando sua herança comum de horror? Preciso lembrar o lugar específico onde notei o nome Sleght.

Gostaria de ter certeza de que esses quadros permanecem sempre em suas molduras. Por várias horas, tenho visto presenças fugidias, como aquelas garras, faces e formas sombrias, que quase duplicam alguns dos antigos retratos. Não sei por que, jamais consigo vislumbrar uma presença e o retrato parecido com ela ao mesmo tempo – a luz está sempre errada para uma ou para o outro, ou a presença e o retrato estão em cômodos diferentes.

Talvez, como eu esperava, as presenças sejam meras criações da imaginação, mas não posso ter certeza agora. Algumas são do sexo feminino e têm a mesma beleza infernal do quadro na pequena sala trancada. Outros são como retratos não vistos anteriormente, mas me fazem sentir como se suas feições pintadas se escondessem sob o molde e a fuligem de telas que não consigo decifrar. Alguns, fico desesperado de medo, chegaram perto da materialização em forma sólida ou quase sólida –, enquanto outros apresentam uma familiaridade terrível e inexplicável.

Há uma mulher cuja beleza supera todo o resto. Seus encantos venenosos são como uma flor de mel crescendo à beira do inferno. Quando olho para ela de perto, ela desaparece, para só reaparecer depois. Seu rosto tem um tom esverdeado e, de vez em quando, suspeito de existirem escamas em sua textura suave. Quem é ela? Será ela que deve ter morado na pequena sala trancada há mais de um século?

Meus suprimentos foram novamente deixados no saguão da entrada, como de costume. Eu havia espalhado poeira para colher pegadas, mas, nesta manhã, todo o salão foi varrido por alguma intervenção desconhecida.

22 de abril
Este foi um dia de horrível descoberta. Explorei de novo o sótão coberto de teias de aranha e encontrei um baú entalhado e esculpido – claramente da Holanda –, cheio de livros e papéis blasfemos muito mais antigos do que as outras coisas encontradas até aqui. Havia um *Necronomicon* grego, um *Livre d'Eibon*(6) em normando-francês e uma primeira edição do *De Vermis Mysteriis,* de Ludvig Prinn(7). Mas o velho manuscrito encadernado era o pior. Era em baixo-latim(8) e todo na estranha caligrafia de Claes van der Heyl – sendo, evidentemente, o diário ou o caderno mantido por ele entre 1560 e 1580. Quando abri o fecho de prata enegrecido e abri as folhas amareladas, um desenho colorido caiu. Era a figura de uma criatura monstruosa, semelhante a uma lula, bicuda e tentacular, com grandes olhos amarelos e exibindo contornos com abomináveis insinuações da figura humana.

Eu nunca tinha visto forma tão totalmente repugnante e aterradora. Nas patas, nos pés e nos tentáculos da cabeça, havia garras curiosas – lembrando-me das formas de sombra colossais que me apalparam tão horrivelmente no meu caminho – enquanto a entidade como um todo se sentava sobre um grande pedestal em forma de trono inscrito com hieróglifos desconhecidos, vagamente similares aos ideogramas chineses. Sobre a escrita e a imagem, pairava um ar de mal tão sinistro, profundo e penetrante que eu não conseguia pensar que fosse produto de qualquer mundo ou época. Em vez disso, a forma monstruosa deve ser um foco para todo o mal no espaço infinito, ao longo de eras passadas e futuras – e esses símbolos sensacionais são ícones conscientes e dotados de uma vida mórbida, prontos para se lançar do pergaminho para destruir o leitor. Para o significado daquele monstro e desses hieróglifos, eu não dispunha de chave, mas sabia que ambos tinham sido traçados com uma precisão infernal e sem propósito nomeável. Quando estudei os caracteres esquivos, o parentesco deles com os símbolos naquela fechadura sinistra do porão tornou-se mais e mais evidente. Deixei a imagem no sótão, pois jamais conseguiria dormir com uma coisa daquelas por perto.

Durante toda a tarde até a noite, li o livro manuscrito do velho Claes van der Heyl, e o que eu li vai turvar e tornar horrível todo e qualquer período da minha vida daqui para a frente. A gênese do mundo e dos mundos anteriores se desdobrou diante dos meus olhos. Aprendi sobre a cidade de Shamballah, construída pelos lemurianos há 50 milhões de anos e ainda inviolada atrás de seus muros de força psíquica no deserto oriental. Aprendi sobre o *Livro de Dzyan*(9), cujos primeiros seis capítulos antecederam a Terra e que era antigo quando os senhores de Vênus atravessaram o espaço em suas naves para civilizar nosso planeta. E vi pela primeira vez gravado por escrito aquele nome que outros tinham me dito em sussurros, e que eu conhecia de um modo mais próximo e mais horrível – o nome evitado e temido de Yian-Ho(10).

Em vários lugares, fiquei preso em passagens que exigiam uma chave. A partir de várias alusões, acabei percebendo que o velho Claes não se atreveu a incorporar todos os seus conhecimentos em um livro, mas deixou certos pontos para outro. Nenhum volume pode ser totalmente inteligível sem o seu associado. Por isso, resolvi encontrar o segundo, caso esteja em algum lugar dentro dessa casa amaldiçoada. Embora claramente um prisioneiro, não perdi meu zelo vitalício pelo desconhecido e estou determinado a sondar o cosmo o mais profundamente possível antes que venha a sentença.

Quando abri o fecho de prata enegrecido e abri as folhas amareladas,
um desenho colorido caiu. Era a figura de uma criatura monstruosa,
semelhante a uma lula, bicuda e tentacular,
com grandes olhos amarelos e exibindo contornos
com abomináveis insinuações da forma humana.

23 de abril

Procurei a manhã toda o segundo diário e o encontrei ao meio-dia em uma escrivaninha na pequena sala trancada. Como o primeiro, está escrito no latim bárbaro de Claes van der Heyl e parece consistir em notas desarticuladas referentes a várias seções do outro. Olhando através das folhas, enxerguei no mesmo instante o nome detestado de Yian-Ho. Yian-Ho, a cidade perdida e escondida, onde se ocultavam segredos de inúmeras eras e cujas lembranças obscuras, mais antigas que o corpo, espreitam por trás das mentes de todos os homens. Ele foi repetido muitas vezes, e o texto em torno dele foi feito com hieróglifos rudemente desenhados, semelhantes aos que estavam no pedestal daquele desenho infernal que eu tinha visto. Aqui estava, claramente, a chave para aquela monstruosa forma de tentáculos e sua mensagem proibida. Com esse conhecimento, subi as escadas rangentes para o sótão repleto de teias de aranha e horror.

Quando tentei abrir a porta do sótão, ela não ficou como antes. Várias vezes, resistiu a todos os esforços e, quando finalmente cedeu, tive a clara sensação de que alguma forma colossal e invisível de repente a liberou para abrir – uma forma que se elevava sobre asas não materiais, mas que batiam audivelmente. Quando encontrei o desenho horrível, senti que não estava precisamente onde o deixara. Aplicando a chave no outro livro, logo vi que o último não era um guia instantâneo para o segredo. Era apenas uma pista para um segredo negro demais para ser deixado levianamente guardado. Levaria horas – talvez dias – para extrair a terrível mensagem.

Viverei o suficiente para decifrar o segredo? Os braços sombrios e as patas negras assombram mais e mais minha visão agora, parecendo ainda mais titânicos do que no começo. Tampouco estou livre daquelas presenças vagas e não humanas, cujo volume nebuloso parece vasto demais para ser contido nos aposentos. E, de vez em quando, os rostos e as formas grotescas e evanescentes, assim como as figuras de retratos zombeteiros, se amontoavam diante de mim numa confusão desconcertante.

Verdadeiramente, existem terríveis arcanos primais da terra que deveriam permanecer desconhecidos e inertes. Pavorosos segredos que nada têm a ver com o homem e que o homem pode decifrar apenas em troca de paz e sanidade. Verdades cifradas que tornam o conhecedor cada vez mais estranho entre seus semelhantes e o levam a caminhar sozinho sobre a terra. Da mesma forma, existem sobrevivências terríveis de coisas mais antigas e mais poderosas do que o homem. Coisas blasfemas, que se desgarraram através de idades imemoriais para eras que não lhes eram destinadas. Entidades monstruosas, que dormiram indefinidamente em criptas inacreditáveis e cavernas remotas, fora das leis de razão e causalidade, prontas para serem despertadas por blasfemos que conheçam seus sinais obscuros proibidos e senhas furtivas.

24 de abril
Estudei a imagem e a chave durante todo o dia no sótão. Ao pôr do sol, ouvi sons estranhos, de um tipo que não percebera antes e pareciam vir de muito longe. Atentando, percebi que eles devem fluir daquela estranha colina abrupta, com o círculo de pedras eretas, que fica atrás da aldeia e a alguma distância ao norte da casa. Ouvi dizer que um caminho levava da casa àquela colina até o cromeleque(11) primitivo, e suspeitava que, em certas épocas, os Van der Heyl tiveram várias oportunidades de usá-lo. Mas o assunto, até então, estava latente em minha consciência. Os sons atuais consistiam em um guincho estridente misturado com um tipo peculiar e hediondo de assobio ou apito – um tipo alienígena estranho e bizarro, nada semelhante ao que os anais da Terra descrevem. Foi muito fraco e logo desapareceu, mas o assunto me fez pensar. É na direção da colina que se estende o longo vão setentrional com a calha secreta e a abóbada de tijolos trancada. Pode haver alguma conexão que até agora tenha me escapado?

25 de abril

Fiz uma descoberta peculiar e perturbadora sobre a natureza do meu aprisionamento. Atraído para a colina por um fascínio sinistro, encontrei os arbustos espinhosos dando passagem diante de mim, mas apenas naquela direção. Há um portão arruinado e, sob os arbustos, os traços do antigo caminho sem dúvida existem. Os espinheiros estendem-se para cima e para todos os lados da colina, embora o cume com as pedras eretas permaneça com apenas curiosos montinhos de musgo e grama raquítica. Subi a colina e passei várias horas ali, notando um vento estranho, que aparenta girar sempre em torno dos monólitos ameaçadores e às vezes parece sussurrar de uma forma estranhamente articulada, embora obscura e enigmática.

Essas pedras, tanto na cor quanto na textura, não se parecem com nada que eu tenha visto em outro lugar. Não são marrons nem cinzentas, mas de um amarelo sujo que se funde num verde maligno e sugere a variabilidade de um camaleão. Sua textura é esquisita como a de uma serpente escamada, e é inexplicavelmente repugnante ao toque – tão fria e pegajosa quanto a pele de um sapo ou outro réptil. Perto do menir central, há uma singular cavidade de pedra que não sei explicar, mas talvez forme a entrada de um poço ou túnel há muito entupido. Quando tentei descer a colina para alguns pontos distantes da casa, encontrei os arbustos interceptando-me o avanço, como antes, embora o caminho rumo à casa pudesse ser trilhado.

26 de abril

Estava em cima da colina novamente esta noite e achei que o sussurro do vento muito mais distinto. O zumbido quase irado chegou perto da fala real de um tipo sibilante e vago, que me lembrou o estranho canto antes ouvido ao longe. Depois do pôr do sol, veio um curioso e prematuro relâmpago de verão no horizonte norte, seguido quase imediatamente de uma detonação estranha no alto do céu que se desvanecia. Algo sobre esse fenômeno me perturbou muito e não pude escapar da impressão de que o ruído terminava em uma espécie de discurso sibilante e não humano que se transformava em riso gutural cósmico. Minha mente estará cambaleante ou minha curiosidade indevida evocou horrores inauditos dos espaços crepusculares? O Sabá está perto agora. Qual será o fim?

27 de abril
Finalmente, meus sonhos estão para ser confirmados! Seja ou não a minha vida, espírito ou corpo, eu entrarei no portal! O progresso no decifrar aqueles hieróglifos cruciais no quadro foi lento, mas encontrei a última pista nesta tarde. À noite, eu sabia o significado deles – e esse significado só pode se aplicar às coisas que encontrei nesta casa.

Sob esta casa, sepultado não sei onde, há algo "Antigo", que me mostrará o portal no qual entrarei e me dará os sinais e as palavras perdidas de que eu necessitar. Há quanto tempo está enterrado aqui, esquecido, exceto pelos que levantaram as pedras na colina e por aqueles que mais tarde procuraram este lugar e construíram esta casa? Não posso supor. Foi em busca dessa "Coisa", sem sombra de dúvida, que Hendrik Van der Heyl chegou à Nova Holanda em 1638. Os homens desta terra não a conhecem, salvo nos sussurros secretos dos poucos apavorados que encontraram ou herdaram a chave. Nenhum olho humano jamais a vislumbrou – a menos que, talvez, os bruxos desaparecidos desta casa tenham ido mais longe do que se supunha.

Com o conhecimento dos símbolos, veio também o domínio dos Sete Sinais Perdidos do Terror e um reconhecimento tácito das Palavras do Medo, hediondas e inexprimíveis. Tudo o que resta para eu realizar é o Canto que irá transfigurar o Esquecido, que é o Guardião do Portal Antigo. Eu me maravilho muito com o Canto. É composto de sons guturais estranhos, repulsivos, perturbadores e sibilantes, sem semelhança com nenhum idioma que eu já tenha encontrado – mesmo nos capítulos mais negros do *Livre d'Eibon*. Quando visitei a colina ao pôr do sol, tentei ler o texto em voz alta, mas veio em resposta apenas um vago e sinistro rumor no horizonte distante e uma fina nuvem de poeira elementar que se retorcia e girava como uma viva coisa maligna. Talvez eu não tenha pronunciado as sílabas alienígenas corretamente, ou talvez seja apenas no Sabá – aquele Sabá infernal para o qual os poderes presentes nesta casa estão sem dúvida me segurando – que a grande transfiguração possa ocorrer.

Tive uma estranha sensação de medo nesta manhã. Por um momento, tive a impressão de me lembrar onde tinha visto o desconcertante nome Sleght e a perspectiva de confirmação me encheu de indescritível pavor.

28 de abril
Hoje, nuvens negras ameaçadoras pairaram intermitentemente sobre o círculo na colina. Percebi tais nuvens várias vezes antes, mas seus contornos e arranjos agora apresentam um novo significado. Elas são parecidas com cobras fantásticas e, curiosamente, com as formas sombrias do mal que eu vi na casa. Elas flutuam em círculo ao redor do cromeleque primitivo – revolvendo-se repetidamente como se dotadas de vida e propósito sinistros. Eu também poderia jurar que soltam um murmúrio irado. Depois de uns quinze minutos, elas se afastam lentamente para o leste, como as unidades de um batalhão desgarrado. Serão de fato os pavorosos "antigos" que Salomão conheceu no passado, aqueles gigantescos seres negros cujo nome é Legião e cujo passo faz tremer a terra?

Tenho ensaiado o Canto que irá transfigurar a Coisa Inominável, mas estranhos temores me assaltam, mesmo quando pronuncio as sílabas em voz baixa. Reunindo todas as evidências, descobri agora que a única maneira de fazer isso é através da cripta fechada do porão. Essa cripta foi construída com um propósito infernal e deve cobrir a toca escondida que leva ao covil imemorial. Que tipo de guardiães vivem interminavelmente dentro de nós, florescendo de século em século por um nutriente desconhecido, somente os loucos podem conjeturar. Os bruxos desta casa, que os chamaram do fundo da terra interior, os conhecem muito bem, como revelam os retratos e as memórias chocantes deste lugar.

O que mais me incomoda é a natureza limitada do Canto. Evoca o inominável, mas não fornece nenhum método para o controle daquilo que é evocado. Existem, é claro, sinais e gestos gerais, mas, se eles serão efetivos em relação ao tal ser antigo, está para ser comprovado. Ainda assim, as recompensas são grandes o suficiente para justificar qualquer perigo, e eu não poderia recuar se quisesse, uma vez que uma força desconhecida me impele insistentemente.

Descobri mais um obstáculo. Como a abóbada trancada do porão deve ser atravessada, é preciso encontrar a chave desse lugar. A fechadura é infinitamente forte – forte demais para ser forçada. Que a chave esteja em algum lugar por aqui não pode haver dúvida, mas o tempo que precede o Sabá é muito curto. Devo procurar de forma diligente e minuciosa. Será preciso ter coragem para destrancar essa porta de ferro. Afinal, que horrores aprisionados devem espreitar lá dentro?

Mais tarde
Estive evitando o porão nos últimos dois dias, mas, no final da tarde, voltei a descer para aqueles limites proibidos. No início, tudo ficou em silêncio, mas, em cinco minutos, o murmúrio acolchoado e ameaçador começou mais uma vez atrás da porta de ferro. Dessa vez, foi mais barulhento e aterrorizante do que nas ocasiões anteriores, e também reconheci o deslizamento que revelava monstruosas bestas marinhas, agora mais rápidas e nervosamente intensificadas, como se a "coisa" estivesse se esforçando para abrir caminho através do portal onde eu permanecia.

À medida que o ritmo ficava mais alto, mais inquieto e sinistro, "aquilo" começou a fazer um cerco através daquelas reverberações infernais e não identificáveis que eu ouvira na minha segunda visita ao porão – aquelas reverberações abafadas cujo ecoar parecia vir de longe, como o ribombar de um trovão distante. Agora, porém, seu volume foi ampliado cem vezes e seu timbre carregado de novas e terríveis implicações. Posso comparar apropriadamente o som a nada menos do que o rugido de algum monstro terrível da desaparecida Era Sauriana(12), quando horrores primitivos vagavam pela terra, e os homens-serpentes de Valúsia(13) colocaram as pedras fundamentais da magia do mal. Tal rugido, elevado a alturas ensurdecedoras que nenhuma garganta orgânica conhecida pode alcançar, era análogo a esse som chocante. Ousarei abrir a porta e encarar o ataque do que está atrás dela?

29 de abril
Encontrei a chave da cripta. Cheguei ao meio-dia no pequeno aposento trancado. Estava oculta sob entulho em uma gaveta da antiga escrivaninha, como se alguém tivesse se esforçado para escondê-la. Foi embrulhada em um jornal deteriorado datado de 31 de outubro de 1872, mas havia um envoltório interno de couro – evidentemente, a pele seca de algum réptil desconhecido –, que trazia uma mensagem em baixo-latim* na mesma escrita rabiscada dos cadernos que encontrei. Como eu supunha, a fechadura e a chave eram muito mais antigas que a cripta. O velho Claes Van der Heyl as havia preparado para algo que ele ou seus descendentes pretendiam fazer. Mas eu não conseguia estimar quanto elas eram mais velhas do que ele. Decifrando a mensagem latina, tremi em um novo acesso de terror e espanto inominável. Dizia o texto garatujado:

Os segredos do monstruoso ser primal, cujas palavras cifradas relatam as coisas ocultas que existiam antes do homem – as coisas que ninguém da terra deveria aprender, para que a paz não seja para sempre perdida – por mim nunca serão revelados. Em Yian-Ho, aquela cidade perdida e proibida de incontáveis eras, cujo local não pode ser revelado, eu esti-

ve na genuína carne deste corpo, como nenhum outro entre os vivos. Lá descobri e de lá retomei esse conhecimento, que de bom grado perderia, embora não possa. Aprendi a preencher uma lacuna que não deveria ser preenchida e devo chamar para fora da terra "Aquilo" que não deveria ser despertado ou chamado. E o que é enviado para me seguir não dormirá até que eu – ou os que vierem depois de mim – tenha encontrado e feito o que é para ser encontrado e feito.

Daquilo que eu despertei e trago comigo, não posso me separar novamente. Assim está escrito no Livro das Coisas Ocultas(14). *Aquilo que eu quis ser dobrou sua forma terrível em volta de mim e – se eu não viver para cumprir a ordem – em volta das crianças nascidas e das não nascidas que virão depois de mim até que a missão seja cumprida. Estranha pode ser a união deles, e terrível a ajuda que eles podem exigir até o fim ser alcançado. Em terras desconhecidas e escuras, a busca deve ser feita, e uma casa deve ser construída para os Guardiães externos.*

Esta é a chave daquela fechadura que me foi dada na terrível e antiquíssima cidade proibida de Yian-Ho. A fechadura que por mim – ou pelos meus – precisa ser colocada no vestíbulo "Daquilo" que deve ser encontrado. E possam os Senhores de Yaddith(15) socorrer a mim – ou àquele que colocar a fechadura no lugar e virar a chave nela.

Essa foi a mensagem. Uma vez lida, me pareceu que a conhecia antes. Agora, enquanto escrevo estas palavras, a chave está diante de mim. Olho para ela com um misto de medo e saudade e não consigo encontrar palavras para descrever sua aparência. É do mesmo metal fosco desconhecido e sutilmente esverdeado da fechadura. Um metal melhor se comparado ao bronze envernizado com verdete(16). Seu *design* é estranho e fantástico, e a extremidade, em forma de esquife e de volume maciço, não deixa dúvidas quanto à fechadura na qual ela deve servir. A maçaneta forma uma imagem estranha e não humana, cujos contornos e identidade exatos não podem ser agora rastreados. Ao segurá-la por algum tempo, curto ou longo, parece que sinto uma vida alienígena e anômala no metal frio – uma aceleração ou pulsação tênue demais para ser reconhecida. Abaixo da imagem esculpida, existe uma legenda fraca e desgastada pelo tempo, gravada naqueles blasfemos hieróglifos de tipo chinês que acabei conhecendo tão bem. Só entendi o começo – as palavras "minha vingança espreita" – antes que o texto se desvanecesse e se tornasse indistinto. Há alguma fatalidade nesta oportuna descoberta da chave – pois amanhã à noite virá o Sabá infernal. Mas, estranhamente, em meio a toda essa horrível expectativa, a questão do nome Sleght me incomoda cada vez mais. Por que deveria eu ter medo de ele ter alguma conexão com os Van der Heyl?

30 de abril – Véspera de Valpúrgis

A hora chegou. Acordei ontem à noite para ver o céu reluzindo com um resplandecente brilho esverdeado – aquele mesmo verde mórbido que vi nos olhos e na pele de certos retratos daqui, na fechadura e na chave chocantes, nos monstruosos menires da colina e em mil outros recessos da minha consciência. Havia sussurros estridentes no ar – assobios sibilantes como os do vento ao redor daquele horrível cromeleque. Algo me falou do gélido éter do espaço e disse: "É chegada a hora". Trata-se de um presságio, e eu rio de meus próprios medos. Não tenho eu as pavorosas palavras e os Sete Sinais Perdidos do Terror – o poder coercitivo de qualquer habitante no cosmos ou nos desconhecidos espaços escuros? Não vou mais hesitar.

Os céus estão muito escuros, como se uma tempestade medonha estivesse chegando – uma tempestade ainda maior do que a da noite em que cheguei aqui, há quase quinze dias. Da aldeia – a menos de um quilômetro de distância –, ouço um balbucio estranho e invulgar. É como eu pensei desses pobres idiotas degradados que estão dentro do segredo e mantêm o terrível Sabá na colina. Aqui na casa, as sombras se juntam densamente. Na escuridão, a chave quase brilha diante de mim com uma luz própria esverdeada. Ainda não fui ao porão. É melhor eu esperar, deixar que o som daquele murmúrio e resfolegar – aquelas reverberações deslizantes e abafadas – me tirem a coragem antes que eu possa destrancar a porta fatídica.

Do que vou encontrar e do que devo fazer, tenho apenas uma ideia muito geral. Devo encontrar minha tarefa na própria cripta ou devo cavar mais fundo no coração noturno de nosso planeta? Há coisas que ainda não compreendo – ou, pelo menos, prefiro não entender –, apesar de uma sensação terrível, crescente e inexplicável de familiaridade passada com esta casa medonha. Aquela calha, por exemplo, descendo da pequena sala trancada. Mas acho que sei por que a ala da cripta se estende rumo à colina.

6 horas da tarde

Olhando pelas janelas do norte, vejo um grupo de aldeões na colina. Eles parecem ignorar o céu ameaçador e estão cavando perto do grande menir central. Ocorre-me que estão trabalhando naquela pedra oca com bordas que parecem uma entrada de túnel há muito entupida. O que está por vir? Quanto dos antigos ritos do Sabá essas pessoas retiveram? Essa chave brilha horrivelmente – não é imaginação. Atrevo-me a usá-la como deve ser? Outro assunto me perturbou muito. Folheando nervosamente um livro na biblioteca, deparei com uma forma mais ampla do nome que provocou minha memória tão dolorosamente: Trintje, esposa de Adriaen Sleght. Adriaen leva-me ao mais profundo da memória.

Meia-noite

O horror foi desencadeado, mas não devo esmorecer. A tempestade irrompeu com fúria de pandemônio e os raios atingiram a colina três vezes, mas os aldeões mestiços e disformes estão se reunindo dentro do cromeleque. Posso vê-los nos relâmpagos quase constantes. As grandes pedras eretas emergem chocantemente com uma luminosidade verde-

-opaca que as revela mesmo sem a ação do raio. Os estrondos do trovão são ensurdecedores, e cada um deles parece receber uma terrível resposta de alguma direção indeterminada. Enquanto escrevo, as criaturas na colina começaram a cantar, uivar e gritar numa versão degradada e quase simiesca do antigo ritual. A chuva cai como uma torrente, mas eles pulam e emitem sons em uma espécie de êxtase diabólico.

Iä! Shub-Niggurath! O Bode com Mil Jovens!

Mas o pior está dentro da casa. Agora mesmo, comecei a ouvir sons vindos do porão. Murmúrios, resmungos e reverberações deslizantes e abafadas dentro da cripta...

Memórias vêm e vão. O nome de Adriaen Sleght ressoa estranhamente na minha consciência. O genro de Dirck Van der Heyl... sua filha, neta do velho Dirck e bisneta de Abaddon Corey...

Mais tarde
Deus misericordioso! Agora, sei onde vi aquele nome. Sei e estou paralisado de horror. Tudo está perdido...

A chave começou a ficar quente enquanto minha mão esquerda a segura nervosamente. Às vezes, a vibração vaga ou pulsante é tão distinguível que quase posso sentir o movimento vivo do metal. Ele veio de Yian-Ho para um propósito terrível, e para mim – que tarde demais tive noção da fina corrente de sangue Van der Heyl que flui através dos Sleght até a minha própria linhagem –, para a horrenda tarefa a ser cumprida...

Minha coragem e curiosidade se desvaneceram. Sei o horror que está atrás daquela porta de ferro. E se Claes van der Heyl for meu ancestral? Serei obrigado a expiar seu pecado inominável? Não, não vou! Juro que não!...

[A escrita aqui fica indistinta]

Tarde demais – não posso me salvar. As garras negras se materializam. Sou arrastado para o porão...

NOTAS

1- Sabá de Valpúrgis: antiga comemoração pagã originária da Noite de Valpúrgis (*Walpurgisnacht*), que ocorre na madrugada de 30 de abril até o raiar do sol de 1º de maio. É uma antiga cerimônia pagã, celebrada no norte da Europa e na Escandinávia, que, além do caráter religioso, marca o fim do Inverno e a chegada da primavera. Consta na lenda que bruxas, feiticeiros, vampiros, lobisomens e demônios se reuniam no Monte Calvo, na Rússia, e no Monte Brocken, na Alemanha, para o Sabá Negro. Depois, espalhavam-se nas florestas escuras, aldeias adormecidas e cemitérios até o amanhecer; desafortunados seriam os que estivessem vagando naquelas horas. O sabá também é mencionado no Reino Unido e nos arredores de Boston, EUA.

2- Caracteres Aklo: primeiro mencionados em 1899, em conto de um dos escritores favoritos de Lovecraft, Arthur Machen, "As pessoas brancas" (*The White People*). Apesar de citados apenas uma vez, isso mexeu com a imaginação de Lovecraft, que fala deles em três contos seus: "O horror de Dunwich" (*The Dunwich Horror*), escrito em 1928; "O diário de Alonzo Typer" (*The Diary of Alonzo Typer*), escrito em outubro de 1935 e "O assombro das trevas" (*The Haunter in Darkness*), escrito em novembro de 1935. Apesar de Machen nunca ter explicado o que são ou de onde vieram os tais caracteres, Lovecraft os menciona duas vezes em "O diário de Alonzo Typer".

3- Pré-Revolucionárias: período histórico que se refere à Guerra da Revolução Americana ou, ainda, à Revolução Americana de 1776, que selou o fim do domínio da Grã-Bretanha sobre sua colônia, tornada independente e republicana – os Estados Unidos da América – e teve suas raízes na assinatura do Tratado de Paris, que, em 1763, finalizou a Guerra dos Sete Anos.

4- **Manuscritos Pnakóticos**: são o primeiro livro apócrifo criado por H.P. Lovecraft, antes do mítico *Necronomicon*. Ele explica a origem do homem como uma das muitas raças inteligentes que vieram habitar o planeta. Esses manuscritos teriam sido passados para as mãos de um antigo culto secreto e foram considerados perdidos.

5- **Fragmentos de Eltdown,** às vezes traduzidos como Argilas de Eltdown, são documentos dos Mitos de Cthulhu, que aparecem pela primeira vez na história "O diário de Alonzo Typer".

6- **Livre d'Eibon**: O escritor Clark Ashton Smith criou o *Livro de Eibon* e citava o *Necronomicon* de Lovecraft, que, por sua vez, fazia referências ao livro do colega. Robert Bloch e R.E. Howard também o mencionaram em seus contos. Já Stephen King, citou todos eles.

7- **Ludvig Prinn:** foi uma criação de Robert Bloch, célebre escritor de *Psicose*, filmado por Alfred Hitchcock. Bloch foi discípulo de Lovecraft e durante a comunicação por cartas que ambos mantinham, ele mencionou uma ideia para um livro oculto, que havia originalmente intitulado *Os mistérios do verme*, em inglês, escrito por Ludvig Prinn. Lovecraft o aconselhou a acrescentar um pouco de erudição. Ponderou: se a obra imortal de Prinn era escrita em latim, ele deveria criar o título nesse idioma. E assim nasceu o *De vermis mysteriis,* um dos mais conhecidos títulos a figurar no catálogo dos livros malditos. Ao citar o livro em seu conto, Lovecraft prestigia seu discípulo.

8- **Baixo-latim:** idioma que passou a ser usado após a queda do Império Romano, principalmente na forma escrita.

9- **Livro de Dzyan**: (pronuncia-se Dian) está entre os chamados "escritos sagrados da humanidade", ainda que seja um texto mais comentado do que realmente conhecido. De sua origem, pouco ou nada se sabe. As informações existentes não se referem à data de sua criação, mas dizem que é mais antigo que a própria Terra.

10- Yian-Ho: no conto "Através dos portões da chave de prata", de 1934, uma colaboração entre Lovecraft e E. Hoffman Price, Yian-Ho é descrita como "cidade terrível e proibida" situada no Planalto de Leng. Yian também é lembrada como o nome de uma cidade fictícia, no estranho conto "O criador de luas", escrito em 1896 por Robert W. Chambers, um dos autores favoritos de Lovecraft.

11- Cromeleque: conjunto de diversos menires dispostos em círculos, semicírculos, elipses, retângulos ou em estruturas mais complexas. Mesmo obsoleto na arqueologia, o termo ainda permanece em uso coloquial.

12- Era Sauriana é o período em que os grandes répteis (sáurios) dominavam a Terra. Era dos dinossauros.

13- Valúsia é a fabulosa cidade das maravilhas do continente Thuriano, capital do reino governado pelo atlante Rei Kull, imaginado por Robert Erwin Howard, famosíssimo pela mitologia do mundo Hiboriano. Neste mundo, viveu Conan, o Bárbaro, sua maior criação, num período entre o afundamento da Atlântida e a história tal qual a conhecemos há milhares de anos. Howard, contemporâneo de Lovecraft e um de seus seguidores, é considerado o pai do subgênero espada & feitiçaria (*sword & sorcery*).

14- *Livro das Coisas Ocultas* pode ser tão temível quanto o *Necromicon*, criação máxima de Lovecraft, que muitos acreditam ser real, embora o próprio autor sempre o negasse. O *Necromicon – Al Azir* no original – é um livro de invocação de demônios, ou grimório, escrito no ano de 738 pelo também fictício Abdul Alhazred, apelidado de Árabe Louco. Não confundir com o livro homônimo *The Book of Hidden Things*, lançado em 2018 pelo italiano Francesco Dimitri.

15- Senhores de Yaddith: têm relação com a mitologia de Cthulhu na obra de Lovecraft. Yaddith é um mundo que pertence à entidade exterior Shub-Niggurath, o Bode Negro do Bosque dos Mil Jovens, tendo sido mencionada pela primeira vez em 1928, no conto "O último teste" ("*The Last Test*") e, depois disso, várias vezes mencionados em outras histórias.

16- **Verdete:** pigmento antigo, utilizado até o século 17; é também a cobertura esverdeada que, por efeito de oxidação, aparece sobre objetos de cobre, latão ou bronze, como a Estátua da Liberdade, em Nova York.

SOBRE O CONTO

Originalmente publicado na edição de fevereiro de 1938 da revista *Weird Tales*, "O diário de Alonzo Typer" focaliza as reflexões de um ocultista que investiga uma casa velha e assustadora ao norte de Nova York. As pesquisas de Typer têm início em 18 de abril de 1908 e terminam no último dia desse mês, véspera da Noite de Valpúrgis.

Porque trabalhada a partir de uma ideia de William Lumley, fã e amizade tardia de Lovecraft, o conto é às vezes apresentado como uma "revisão" do autor. No entanto, os especialistas o consideram uma autêntica criação de Lovecraft.

Esta história (http://www.hplovecraft.com/writings/texts/fiction/dat.aspx) e outras narrativas de horror datadas dos anos 1900 são consideradas raras e clássicas, desempenhando importante papel na grande produção de contos de Lovecraft e outros autores do gênero nos primórdios das *pulp magazines* da imprensa americana.

SOBRE OS AUTORES

Howard Phillips (H.P.) Lovecraft (1890-1937) nasceu e morreu em Providence, capital de Rhode Island, EUA. É considerado o autor que revolucionou o gênero da literatura de horror, com seus contos que incluem elementos de fantasia e ficção científica. Foi criança prodígio, que já escrevia poemas aos 6 anos, e tudo aprendeu nos livros, pois, por ter saúde precária, nunca chegou ao curso universitário. Viveu pobremente a partir dos 14 anos, quando da morte do avô, que o estimulava. Para sobreviver, vendia seus escritos para publicações periódicas e também trabalhava como redator avulso e *ghost-writer* para a revista mensal *Weird Tales*.

Escreveu apenas uma novela, *Nas montanhas da loucura*, que popularizou o conceito de "astronautas da antiguidade" e fez só um breve romance, *O caso de Charles Dexter Ward*, exemplar de seu apego ao idioma inglês e de suas profundas pesquisas linguísticas. Os dois títulos, porém, por serem curtos, costumam ser referidos como contos, sua produção mais frequente, além de poemas.

Mais do que escrever material de entretenimento, Lovecraft criou um mundo característico, pelo qual circulam personagens, monstros e divindades, dando origem a uma mitologia a partir de sua obra magna *O chamado de Cthulhu*. Nesta, ele narra uma investigação sobre um extraterrestre e os chamados "Antigos", seres cósmicos chegados ao planeta Terra antes de nele existir vida.

O escritor concebeu ainda uma filosofia, chamada de Cosmicismo, segundo a qual os humanos são, em maioria, criaturas com a importância relativa de insetos e plantas quando comparados com o restante do universo. Daí decorre seu horror cósmico, tendo como características a insignificância da humanidade e a total impotência dos humanos para mudar coisa alguma em seu destino.

Ao longo dos anos, tem se tornado cada vez mais respeitável como autor de substância e significado, inspirando grande número de pesquisas no mundo acadêmico, incluindo a criação de uma enciclopédia, assinada por S.T. Joshi e David E. Schultz, que constitui um guia exaustivo sobre a vida e a obra do autor.

Seus trabalhos têm sido inspiradores para artistas de diversas áreas, como literatura – caso do *best-seller* do terror Stephen King, que o cita e admira –, artes visuais e cinema.

William Lumley, foi um associado tardio de Lovecraft, para quem este trabalhou como *ghost writer* no conto "O diário de Alonzo Typer", em 1938. Pouco se sabe deste escritor, aparentemente nascido em Buffalo (NY) em 1880 e falecido em 1960.

De acordo com o portal Fandom (lovecraft.fandom.com), dedicado à vida e à obra de Lovecraft, incluindo seus colaboradores, consta que Lumley acreditavae seriamente na mitologia criada pelo autor e seus colaboradores, sobre os quais declarou: (...) são genuínos agentes de Poderes invisíveis, distribuindo indícios sombrios demais e por demais profundos para a concepção e a compreensão humanas". Esse trecho faz parte de uma carta escrita por Lumley a Lovecraft em 1933 – portanto, cinco anos antes da aparição do conto sobre Alonzo Typer.

SOBRE O TRADUTOR & ILUSTRADOR

Cayman Moreira, nascido Fábio Moreira de Melo em 1961 em Fortaleza (CE), é criador de múltiplos talentos, além de professor de artes e ofícios. É pintor, *designer*, desenhista, roteirista e argumentista de histórias em quadrinhos (HQ), cantor, músico e compositor com mais de 100 canções autorais, colecionador de filmes e *videomaker*. Seus gêneros preferidos são o terror, o faroeste e a música *country* nacional e americana – afinal, como ele mesmo diz, tendo deixado o violão de lado e adotado a viola caipira, só existem dois tipos de arte, a boa e a ruim, inclusive os gibis, nos quais aprendeu a gostar de ler. Nisso, foi estimulado pelo pai, que remava contra a corrente dos que acham que HQ é má leitura para os jovens.

Numa entrevista concedida ao site de cinéfilos "Tudo sobre seu filme" (www.tudosobreseufilme.com.br), contou que se entristecia quando o chamavam de sonhador. Até cair a ficha: "Hoje, percebo que a maioria que me criticou é totalmente desprovida de sonhos, esperança, capacidade e coragem para realizar seus projetos de vida". Isso é tudo o que há de sobra em Cayman, que vive de suas artes e também é palestrante nas especialidades que domina. Uma de suas paixões é H.P. Lovecraft, de quem já publicou *Além do desconhecido*, reunindo adaptações em HQ dos contos "A gravura na casa maldita", "O horror no museu" e "Encerrado com os faraós".

Direção editorial
MIRIAN PAGLIA COSTA

Coordenação de produção
HELENA MARIA ALVES

Revisão
PAGLIACOSTA EDITORIAL

Capa e projeto gráfico
LUMIAR DESIGN

Impresso no Brasil
Printed in Brazil

Formato   *16x23 cm*
Mancha   *12x19,5 cm*
Tipologia   *Minion Pro*
Páginas   *96*